U0525036

西北民族大学"一优三特"学科建设项目"民族地区现代化与和谐社会构建创新研究团队"(编号：31920180101)

中央高校基本科研业务费重大培育项目"基于国家大数据建设背景下的藏区扶贫攻坚研究"(编号：31920170108)

李秀芬 著

区域发展诊断视阈下民族地区产业扶贫精准性研究

Regional Development Diagnosis:
A Study on the Accuracy of Industrial Poverty Alleviation in Ethnic Areas

中国社会科学出版社

图书在版编目（CIP）数据

区域发展诊断视阈下民族地区产业扶贫精准性研究/李秀芬著.—北京：中国社会科学出版社，2019.8
ISBN 978-7-5203-5027-3

Ⅰ.①区… Ⅱ.①李… Ⅲ.①民族地区—扶贫—研究—中国 Ⅳ.①F127.8

中国版本图书馆 CIP 数据核字（2019）第 200662 号

出 版 人	赵剑英
责任编辑	刘晓红
责任校对	周晓东
责任印制	戴 宽

出　　版	中国社会科学出版社
社　　址	北京鼓楼西大街甲 158 号
邮　　编	100720
网　　址	http://www.csspw.cn
发 行 部	010-84083685
门 市 部	010-84029450
经　　销	新华书店及其他书店
印刷装订	北京市十月印刷有限公司
版　　次	2019 年 8 月第 1 版
印　　次	2019 年 8 月第 1 次印刷
开　　本	710×1000　1/16
印　　张	11.75
插　　页	2
字　　数	181 千字
定　　价	66.00 元

凡购买中国社会科学出版社图书，如有质量问题请与本社营销中心联系调换
电话：010-84083683
版权所有　侵权必究

前　言

2020年，中国将彻底消除绝对贫困人口，全面实现小康社会。此后，扶贫工作将主要面临相对贫困人口的长期存在和深度贫困地区脱贫攻坚的新问题。与此同时，新时代中国的发展理念正在发生重大转变，新的科学发展观、绿色发展理念与生态文明建设的生动实践，体现了国家提升现代化治理能力的要求。本书着眼于上述战略重大转变所需要探索出一套好的体制机制的有益尝试。这也是贫困问题研究中的一项新课题。

通过文献综述，本书认为目前产业扶贫精准性相关研究的数量缺乏与质量不高，原因在于没有引起对区域属性中不可流动性要素的充分重视，未能正确阐释区域发展的真正内涵。本书借鉴了"贫困理论""可行能力理论""发展诊断理论""区域发展能力理论"等基础理论，提出了区域发展的二重性目标——区域功能的永续性与人的全面发展，构建了区域发展诊断分析框架，并将其应用于诊断民族地区产业扶贫精准性的具体问题。

具体而言，本书主要涉及以下四项研究内容：

第一，尝试以一个新的切入点——区域属性开展研究。因为产业扶贫精准性不仅关系到当前的资本和生计构成，而且更需要整体考虑各种要素与空间纬度之间的交互关系，这种交互关系不可能脱离区域特质而独立存在。当以区域属性作为新的研究切入点时，产业扶贫精准性诊断即可以转化为对区域发展二重目标实现程度的度量。

第二，提供一种度量方法——区域发展诊断法。区域发展诊断法用于对区域发展二重目标实现程度的度量。该方法首先立足于区域属性再发现，体现了三个概念的递进关系——区位租、不可流动性要素和区域能力。区域属性的研究开始于区位（区域内的要素稀缺性）。因为稀缺性要素的供给不能随价格上升而增加，所以当要素的需求增加（或要素的供给减少）后，会产生一个稀缺性要素的服务价格——区位租。当放松假设后，区位租一般有两种形式：区位准租金和经济租金。由区域租的产生，进一步引入两个概念：不可流动性要素与区域功能。区域中的要素稀缺性体现为要素的不可流动性，然而传统的区域发展理论缺乏对不可流动性要素的充分重视。原因在于，对不可流动性要素的认识是一个不断演进的过程，实质上体现了区域功能的演化进程。随着区域的不断发展，区域价值的二元论得以体现，区域功能完成了由"脆弱性"到"适应性"，再到"永续性"的演化路径，切合于区域功能的永续性与人的全面发展的二重目标。进一步，将上述理论思想与 SLA 框架、增长诊断理论、区域协调发展理论、可行能力理论和产业培育理论的实践途径相结合，最终形成了区域发展诊断分析框架。

第三，产业扶贫精准性诊断。产业扶贫精准性诊断是区域发展诊断法在产业扶贫层面的具体应用，并增加了对产业属性的讨论。如果把区域功能的永续性和人的全面发展置于区域发展的两极，那么扶贫产业即是实现平衡两极发展目标的支撑和工具。在由区域功能永续性、扶贫产业成长和贫困人口全面发展的三个维度共同构成的坐标空间中，产业扶贫精准性被分解为三个目标，即扶贫产业项目选择精准性、扶贫产业成长精准性和产业扶贫效果精准性。在此基础上，产业扶贫精准性诊断过程被分解为六个具体步骤，涉及三大类要素，即不可流动性要素、五类资本和五种工具性自由。

第四，实证研究。实证研究以民族地区为研究对象，包括产业扶贫精准性模型分析与产业扶贫精准性案例分析。产业扶贫精准性模型分析构建了三个模型，用于验证产业扶贫精准性诊断框架的合理性，分别针对三个核心概念——区域属性中的不可流动性要素、可行能力集、区域发展的二重目标进行实证分析。其中，生态承载力模型分析，实证了民族地区贫困县不可流动性的变化情况。减贫成效度量模型分析，实证了民族地区可行能力的工具性变量指标体系对于解释减贫成效的优势。减贫成效与区域属性的交互耦合模型分析，分别从耦合度以及胁迫约束效应两个方面,实证了民族地区区域发展能力与可行能力之间的耦合关系。产业扶贫精准性案例分析,以世界银行贷款的重大扶贫项目——疏勒河项目为例,实现了对前述产业扶贫精准性诊断理论与方法的具体应用。

在本书的最后,对上述研究进行了总结,从做好对区域属性的关注、产业发展条件的培育和人的可行能力发展三个方面提出了西北民族地区产业扶贫政策建议,并对下一步的研究提出展望。

在成书过程中,笔者参阅了大量的相关研究文献,并于参考文献中一一注明,如有疏漏,请读者指出,将于再版时更正和补充。

李秀芬

2019 年 2 月

目 录

第一章 绪论 ··· 1

    第一节 研究背景 ··· 1

    第二节 研究意义 ··· 12

    第三节 研究内容 ··· 14

    第四节 研究思路 ··· 16

    第五节 研究方法 ··· 18

第二章 文献综述 ··· 21

    第一节 "产业扶贫"相关文献综述 ································ 22

    第二节 "精准扶贫"相关文献综述 ································ 32

    第三节 "产业扶贫精准性"相关文献综述 ····················· 36

    第四节 文献评价 ··· 38

第三章 基础理论 ··· 40

    第一节 贫困理论 ··· 40

    第二节 可行能力理论 ··· 44

    第三节 增长诊断理论 ··· 49

    第四节 区域发展能力理论 ·· 53

    第五节 理论评价 ··· 56

第四章　区域属性的经济学阐释 …… 58

第一节　区位租 …… 58
第二节　不可流动性要素 …… 62
第三节　区域功能 …… 66
第四节　小结与启示 …… 71

第五章　区域发展诊断法 …… 73

第一节　SLA 框架 …… 73
第二节　相关理论借鉴 …… 75
第三节　区域发展诊断框架 …… 86
第四节　小结与启示 …… 89

第六章　产业扶贫精准性诊断 …… 91

第一节　产业扶贫与区域发展 …… 91
第二节　坐标系与诊断项目 …… 93
第三节　六步诊断法 …… 94
第四节　诊断要素与标准 …… 97
第五节　小结与启示 …… 105

第七章　民族地区产业扶贫精准性模型分析 …… 107

第一节　宁夏回族自治区生态承载力模型分析 …… 107
第二节　宁夏回族自治区减贫成效度量模型分析 …… 114
第三节　甘青宁区域发展能力与可行能力的交互耦合模型分析 …… 124

第八章　民族地区产业扶贫精准性案例分析 …… 136

第一节　项目概述 …… 136
第二节　产业发展基本情况 …… 139
第三节　诊断分析 …… 146

第九章　结论与展望…………………………………………… 162

参考文献……………………………………………………… 167

后记…………………………………………………………… 179

第一章　绪论

第一节　研究背景

中国在减缓贫困方面取得了举世公认的成就，为全球贫困减缓和千年发展目标的实现做出了卓越的贡献。中国的历届政府始终把脱贫攻坚作为社会主义建设中的一项重要事业，一系列具有卓越创见性的扶贫理念和扶贫政策得以相继出台。从近期的扶贫目标来看，到2020年实现现行标准下绝对贫困人口全面脱贫，贫困县彻底摘帽，彻底消除区域性贫困，将从根本上解决困扰中国数千年的贫困问题。在此之后，扶贫工作将进入一个新的阶段，需要面对新的问题，即虽然绝对贫困人口即将全部消除，但是相对贫困人口仍然会长期存在，打赢深度脱贫攻坚战，更需要建立一套好的体制机制。与此同时，新时代中国的发展理念正在发生着重大转变，力求通过生态文明建设的生动实践实现国家治理现代化能力的提升。本书是在新时代发展背景下，面对新的贫困问题开展的一项探索性研究。

一　中国扶贫事业的巨大成就

中国的扶贫开发，是在既有政治、经济、社会和文化的基础上，由中国党和政府规划、领导、协调和支持，贫困地区、贫困人口通过自身的努力提高自己参与和分享经济、社会总体繁荣能力以及改善自身收入、福祉的过程①，充分体现了中国特色社会主义制度的优越性。

自 1978 年以来，中国连续出台了一系列的扶贫攻坚计划，使在减少绝对贫困人口，缓解社会矛盾，提高居民生活品质方面取得了长足的进步。

按照 2010 年的贫困标准，农村贫困人口数量从 1978 年的 7.7 亿人下降到 2015 年的 5575 万人。37 年间，年均减少贫困人口数量约 2000 万人。从农村贫困发生率看，1978 年的农村贫困发生率高达 97.5%，处于严重"普贫"状态。然而到了 2015 年，农村贫困发生率仅为 5.7%，贫困发生率下降了 91.8 个百分点，贫困分布已经显著地由大面积普贫状态转变为"点""片"状分布状态（见表 1-1）。

表 1-1　　　　　　1978—2015 年中国农村贫困变化②

（按 2010 年贫困标准）

年份	农村贫困人口数（万人）	贫困发生率（%）	年份	农村贫困人口数（万人）	贫困发生率（%）
1978	77039	97.5	2010	16567	17.2
1980	76542	96.2	2011	12238	12.7
1985	66101	78.3	2012	9899	10.2
1990	65849	73.5	2013	8249	8.5
1995	55463	60.5	2014	7017	7.2
2000	46224	49.8	2015	5575	5.7
2005	28662	30.2			

如果依据世界银行公布的每天 3.1 美元的购买力平价的高端贫困标准③，中国的贫困人口数量从 20 世纪 80 年代初的 9.9 亿人下降到 2012 年的 2.5 亿人，年均减少约 2500 万人。贫困发生率由 1981 年的 99.1%

---

① 李培林、魏后凯：《中国扶贫开发报告》，社会科学文献出版社 2016 年版。
② 国家统计局住户调查办公室：《中国农村贫困监测报告（2016）》，中国统计出版社 2016 年版。
③ 世界银行公布的购买力平价的贫困标准分别为：低端标准每天 1 美元，中端标准每天 1.9 美元，高端标准每天 3.1 美元。

下降到 2012 年的 19.1%，降幅高达 80 个百分点（见表 1-2）。

表 1-2　　　　　　　世界银行发布的贫困数据①

年份	全球		中国			
	每天 1.9 美元		每天 1.9 美元		每天 3.1 美元	
	贫困人口数（万人）	贫困发生率（%）	贫困人口数（万人）	贫困发生率（%）	贫困人口数（万人）	贫困发生率（%）
1981	199728	44.3	87780	88.3	98534	99.1
1990	195857	37.1	75581	66.6	101259	89.2
1991	175145	29.1	50786	40.5	84159	67.2
2010	111975	16.3	14956	11.2	36439	27.2
2011	98333	14.1	10644	7.9	29965	22.2
2012	89670	12.7	8734	6.5	25794	19.1

自改革开放以后，中国在减缓贫困方面取得了举世瞩目的伟大成就，这不仅在中国历史上从未有过，即使在人类历史上也同样十分罕见。这既是中华民族伟大复兴的重要标志，更是对改善人类生存权和发展权的卓越贡献。站在已有的扶贫成就之上，总结过往取得的扶贫经验，是开展下一阶段扶贫工作的宝贵财富。

二　中国扶贫战略的重大转变

自改革开放以来，中国农村的扶贫战略经历了六个大的转变：②

第一个战略转变：由没有目标的经济增长引致减贫，转向目标瞄准型扶贫。在 1986 年之前，中国的农村扶贫工作主要依靠经济增长中的"涓滴效应"，既没有明确的扶贫对象，也没有针对性的扶贫措施。自 1986 年之后，开始实施瞄准区域的有明确取向和措施的扶贫政策，由此阶段开始取得的扶贫成效也有目共睹。

第二个战略转变：由救济式扶贫，到开发式扶贫，再到社会保障扶贫与开发式扶贫相结合。在 1986 年之前，扶贫工作表现为给农村困难

---

① 国家统计局住户调查办公室：《中国农村贫困监测报告（2016）》，中国统计出版社 2015 年版。

② 吴国宝、汪同三、李小云：《中国式扶贫：战略调整正当其时》，《人民论坛》2010 年第 1 期。

群众发放救济，这也带来了影响贫困人口至今的"等""靠"陋习。1986年以后，扶贫政策开始转变为以开发式扶贫为主，配合临时性扶贫救济。从2007年以来，开始实施农村最低生活保障制度取代临时性扶贫救济，从而形成了社会保障与开发式相结合的扶贫措施。

第三个战略转变：由区域性扶贫，到设立扶贫重点县，到"整村推进"，再到"片区开发"结合"进村到户"的转变。国家最初划定了18个连片区域作为扶贫重点地区，后来又以592个国家级扶贫重点县作为重点扶贫单元。但是，因为在实践中由于贫困县之间和贫困县内部的差异，容易造成扶贫效益的低下，所以从2002年开始在保持原有扶贫重点县的基础上，结合甘肃省等地区的实践经验，进一步提出"整村推进"策略。从2011年开始，又进一步出台了兼顾"区域性"贫困（片区贫困）与"进村到户"（个体贫困）两方面的扶贫政策。

第四个战略转变：由单一扶贫项目到综合扶贫项目的转变。1986—2002年，虽然启动了开发式扶贫战略，但是基本上是依靠单一的项目扶贫方式，减贫效果的局限性很大。从2002年之后，开始更多地在扶贫过程中采取整合资源、整村推进的综合式扶贫，逐渐形成了产业扶贫、易地移民、以工代赈、劳务输转等多种扶贫模式。

第五个战略转变：由"普遍撒网"到"精准扶贫"的转变。从2013年开始，以习近平总书记为核心的党中央，根据扶贫工作的新形势与新特点，提出了"精准扶贫、精准脱贫"的扶贫战略新取向，实现了对扶贫"聚焦"的新要求，标志着中国的扶贫事业进入一个崭新的发展阶段。

第六个战略转变：由消除"绝对贫困"到缓解"相对贫困"和"深度贫困"的转变。在2018年"两会"上进一步提出，到2020年中国彻底消除绝对贫困之后，相对贫困还会长期存在，这需要探索出一套好的、有可持续性的体制、机制。与此同时，国家专门划定了"三区三州"（包括西藏、新疆南疆四州、四省藏区和四川凉山州、甘肃临夏州和云南怒江州），作为深度贫困重点关注地区，将通过专项政策给予重点扶持。

中国扶贫战略的六次转变，一方面充分显示了在中国特色的社会主义制度下，能够有效整合全社会资源，具有集中力量办大事的制度能力；另一方面也为中国学者提供了推进贫困理论研究的空间与机遇。

三　新时代发展理念的重大转变

在党的十九大报告中，明确作出中国特色社会主义进入新时代的重大政治论断。这一重大论断最关键的是对中国社会主要矛盾转变的判断，即已经从"人民日益增长的物质文化需要同落后的社会生产之间的矛盾"转化为"人民日益增长的美好生活需要和不平衡不充分的发展之间的矛盾"。这一论断下的新发展理念——创新、协调、绿色、开放、共享，是习近平新时代中国特色社会主义经济思想的主要内容和实现高质量发展的必要条件和重要体现。新发展理念集中体现在三个方面：高质量的发展观、以人民为中心的发展思想、人口资源环境全面协调的持续发展观，三者构成了具有密切联系和内在逻辑一致性的有机统一体。

新时代中国将生态环境保护上升到发展理念的战略高度。政府在生态文明顶层设计和制度体系建设、法制建设、中央环境保护督察制度等方面出台了一系列根本性、开创性、长远性的制度安排，推动着生态文明建设发生历史性、转折性、全局性变革。习近平总书记在2018年全国生态环境保护大会上，将新时代推进生态文明建设归纳为六个原则：集中体现了人与自然和谐共处的科学自然观、"绿水青山就是金山银山"的绿色发展观、良好生态环境就是最普惠的民生福祉的基本民生观、山林湖泽构成了生命共同体的生态系统观、以制度法律保护生态环境的严格法治观、谋求全球生态文明建设的全球共赢观。在上述生态文明建设的指导原则下，将建立健全包括生态文化体系、生态经济体系、目标责任体系、生态文明制度体系和生态安全体系在内的生态文明体系，从而从根本上解决中国的生态问题。

新时代生态文明建设是中国经济由高速增长阶段转向高质量发展阶段，跨越常规和非常规关口的重要的发展理念转变。这也意味着，中国将生态文明融入经济体系，构建以产业生态化和生态产业化为主体的生态经济体系，彻底改变高资源消耗、高污染排放的经济发展方式。

新时代也同样为区域特色产业成长带来了新的机遇。随着消费结构升级，个性化消费、体验性消费时代的来临，区域属性的不可流动性要素成为产业成长的不可替代要素，并成为产品品质形成的决定性因素。

这种潜在价值形成了新发展观下由区域产业成长要素相对稀缺性的进一步增加而带来的"区位租"。

新时代推进生态文明的发展理念与全面消除贫困的扶贫战略，正在成为中国创造的两个奇迹，也构成了本书开展研究的主要背景。

四 近期中国扶贫政策取向

"十三五"期间，中国的扶贫形势依然严峻，在贫困人口数量上，截至2015年年底，全国仍有7017万农村贫困人口。在贫困人口的地域分布上，"点""片"状的分布特征逐步取代了大范围普贫。中国的扶贫事业一方面面临国家的经济发展正处于转型期、国际环境复杂、脱贫任务繁重、全球气候变化加剧等不利条件的影响。另一方面也存在更多的有利条件：首先，改革开放40年来的成功经验证明，在社会主义制度下能够集中国家财力办大事。其次，广大人民群众为如期实现全面建设小康社会的伟大战略目标而形成的强大推动力。再次，"经济新常态"和供给侧结构性改革为贫困人口获得更高回报的生计区域提供了机遇。最后，中国数十年来扶贫开发实践积累的经验是打赢扶贫攻坚战坚实的基础。由此，一方面扶贫工作仍然需要制定举国层面的战略规划，以力求在总体上大幅度减少贫困人口数量；另一方面区域性扶贫政策必须具备瞄准性，以切合当地资源、环境、民族、习俗、文化和既有的社会经济发展条件。

鉴于新的扶贫形势，国家在《中共中央关于制定国民经济和社会发展第十三个五年规划的建议》中，对于扶贫工作做出了新的要求，即实施强有力的脱贫攻坚战略，确保精准扶贫、精准脱贫。2016—2020年，需要每年完成减贫1000万人的硬性任务。具体的扶贫形式如表1-3所示：将通过产业扶贫、转移就业、易地搬迁和社保兜底等扶贫模式，最终解决7000万人的脱贫问题。

表1-3　　　　　"十三五"期间的分项脱贫目标

项目编号	项目类别	解决贫困人口数（万人）
1	产业扶贫	3000

续表

项目编号	项目类别	解决贫困人口数（万人）
2	转移就业	1000
3	易地搬迁	1000
4	社保兜底	2000
	合计	7000

预计到2020年，中国将彻底消除绝对贫困，进而使农村贫困人口彻底解决吃穿问题，在义务教育、社会保障等方面享有与全国平均水平大体相当的程度。实现贫困地区农民人均可支配收入增长率高于全国平均水平，进一步缩小贫困人口与非贫困人口、农村人口与城市人口之间的收入差距。保证在现行标准下贫困县全部摘帽，大幅度解决区域性整体贫困问题。根据"十三五"中国扶贫所面临的形势和所处的历史地位、国家发展战略和理论，在现行标准下，实现彻底消除农村绝对贫困人口，这是现阶段扶贫开发工作的当务之急。

更进一步的形势是，当绝对贫困人口被彻底消除，接下来的任务是如何解决相对贫困和深度区域贫困。按照2017年年末的统计数据，还有334个深度贫困县，其平均贫困发生率高于全国平均水平近8个百分点。而相对贫困更会长期存在，需要依赖于更好的、具有可持续性的体制和机制创新。鉴于对扶贫对象和模式的精准性要求，必须要具体分析致贫原因、扶贫对象及其所在区域的自然条件和人文环境，可以实现的扶贫模式，因地、因时、因人、因势地选择有针对性的脱贫方式。最终实现区域自我发展能力提升，区域贫困人口可行能力提升的双重目标。

五　少数民族地区的收入与贫困动态

改革开放以来，少数民族地区反贫困与全国一样，其历程大体可以分为四个阶段：第一阶段是1978—1985年，主要是通过发放赈济物品或利用"以工代赈"的"输血"式扶贫。第二阶段是1986—1993年，重点解决吃粮问题。第三阶段是1994—2000年，通过项目开发、生产条件的改善和生产结构的调整来实现收入的提高。第四阶段是2001年至今，主要是通过贫困地区发展能力及生态环境建设为核心的扶贫开发，并逐步实现"精准扶贫"。

与此同时，政府在扶贫开发中针对少数民族地区还专门制定了一系列的特殊优惠政策。例如，在《中国农村扶贫开发纲要（2001—2010）》中，在民族自治地方确定的国家扶贫开发工作重点县达267个，占全国扶贫开发工作重点县数（592个）的45.1%。西藏作为特殊片区，74个县（市、区）整体列入国家扶贫开发工作重点。在《扶持人口较少民族发展规划（2005—2010）》中，提出将人口在10万人以下的22个民族（统称"人口较少民族"）聚居的行政村达到当地中等或以上水平作为发展目标，具体体现为"四通五有三达到"。在《少数民族事业"十二五"规划》中，以专栏形式明确了26项工程和10个方面的政策支持。在《中国农村扶贫开发纲要（2012—2020）》中明确要求加大对民族地区扶持力度。

在国家公共政策的导向下，经历多年的努力，扶贫开发取得了显著成效，为促进民族团结、社会和谐、边疆稳定发挥了重要作用。2014年年底，民族八省区常住人口1.93亿，占全国总人口的14.1%，地区生产总值7.1万亿元，占国内生产总值的11.1%，人均GDP接近3.7万元，地方一般公共预算收入0.8万亿元，地方一般公共预算支出2.2万亿元。

（一）民族八省区收入与贫困动态

2012—2013年，民族八省区，包括内蒙古、广西、西藏、宁夏、新疆、贵州、云南和青海，农村居民人均收入累计名义增长55.3%，扣除价格因素，年均实际增长11.7%，比全国农村平均水平高1.2个百分点。城镇居民人均收入累计名义增长42.5%，扣除价格因素，年均实际增长8.7%，比全国城镇平均水平高0.4个百分点。

2012—2014年，民族八省区农村贫困人口累计减少2835万人，下降幅度为56.3%，减贫人数占同期全国农村减贫总规模的29.7%，年均减少农村贫困人口709万人。

2014年，民族八省区农村贫困发生率比全国农村平均水平高7.5个百分点。贫困发生率比全国农村平均水平高出10个百分点以上的省区有3个，包括西藏、新疆、贵州，分别比全国农村平均水平高16.5个、11.4个和10.8个百分点，贫困发生率比全国农村平均水平高10

个百分点以内的省区有 4 个，包括云南、青海、广西、宁夏，分别比全国农村平均水平高 8.3 个、6.2 个、5.4 个和 3.6 个百分点，内蒙古与全国农村平均水平基本持平。

2012—2014 年，民族八省区农村贫困发生率四年累计下降 19.4 个百分点，同期全国农村贫困发生率下降 10 个百分点（见表 1-4）。

表 1-4　2010—2014 年全国及民族八省区农村贫困人口规模和贫困发生率

年份 项目 地区	2010		2011		2012		2013		2014	
	Pps	Pi	Pps	Pi	Pps	Pi	Pps	Pi	Pps	Pi
全国	16567	17.2	12238	12.7	9899	10.2	8249	8.5	7017	7.2
民族八省区	5040	34.1	3917	26.5	3121	20.8	2562	17.1	2205	14.7
内蒙古	258	19.7	160	12.2	139	10.6	114	8.5	98	7.3
广西	1012	24.3	950	22.6	755	18	634	14.9	540	12.6
贵州	1521	45.1	1149	33.4	923	26.8	745	21.3	623	18
云南	1468	40	1014	27.3	804	21.7	661	17.8	574	15.5
西藏	117	49.2	106	43.9	85	35.2	72	28.8	61	23.7
青海	118	31.5	108	28.5	82	21.6	63	16.4	52	13.4
宁夏	77	18.3	77	18.3	60	14.2	51	12.5	45	10.8
新疆	469	44.6	353	32.9	273	25.4	222	19.8	212	18.6

注：表中 Pps 为农业贫困人口规模（单位：万人），Pi 为贫困发生率（单位:%）。
资料来源：根据《中国农村贫困监测报告（2015）》数据整理。

（二）民族自治地方贫困动态

民族自治地方，包括 5 个自治区、30 个自治州、120 个自治县，2014 年贫困人口为 2226 万人，比 2013 年减少 393 万人，减少 15%，比 2011 年减少 1648 万人，减少 42.5%。2014 年，民族自治地方农村贫困人口占全国农村贫困人口比重为 31.7%。从近三年减贫率来看，2012—2014 年，民族自治地方减贫幅度分别为 17.8%、17.8%、15%，全国农村同期分别为 19.1%、16.7%、14.9%。2012 年民族自治地方减贫速度相对较慢，后两年则快于全国农村平均。2011—2014 年民族自治地方的贫困发生率分别为30.2%、24.9%、20.7%、17.8%，与全国农村平均水平相比，分别高出17.5个、14.7个、12.2个、10.6个百分点。少数民族地区贫困发生率与全国同期水平的差距逐年缩小。据不完全统计，2011—2014年，国家和地方对民族自治地方累计投入扶贫资金1130亿元（见表1-5）。

表1-5　2011—2014年民族自治地方农村贫困人口规模及贫困发生率

指标	年份	2011	2012	2013	2014
贫困人口规模	民族自治地方（万人）	3874	3185	2619	2226
	全国农村（万人）	12238	9899	8249	7017
	民族自治地方占全国比重（%）	31.7	32.2	31.8	31.7
贫困发生率	民族自治地方（%）	30.2	24.9	20.7	17.8
	全国农村（%）	12.7	10.2	8.5	7.2
	民族自治地方占全国比重（%）	17.5	14.7	12.2	10.6

资料来源：根据《中国农村贫困监测报告（2015）》数据整理。

据不完全统计，2014年年末，民族自治地方有1238万农牧民尚未解决饮水不安全问题，缺乏基本生存条件需易地搬迁的农牧民有85.7万户、355万人（见表1-6）。

表1-6　2011—2014年民族自治地方农村贫困监测数据

指标	年份	2011	2012	2013	2014
农村饮水不安全人口（万人）		4182	3412	1996	1238
缺乏基本生存条件需易地搬迁（万户）		75.5	65.2	51.5	85.7
搬迁对象（万人）		304	2724	2224	355
年末乡村人口（万人）		12841	12817	12645	12499
年度扶贫资金总额（亿元）		185.4	268.3	310.6	365.3

资料来源：根据《中国农村贫困监测报告（2015）》数据整理。

2014年，在11个集中连片特困地区中，属于民族自治地方的农村贫困人口1640万人，占全国14个片区农村贫困人口比重为46.6%。分片区来看，民族自治地方贫困人口在500万以上的有1个，为滇黔桂石漠化区，贫困人口在100万—500万人的有5个，分别是武陵山区、乌蒙山区、新疆南疆三地州、滇西边境山区、六盘山区（见表1-7）。

表1-7　　　　2011—2014年民族自治地方分片区扶贫对象　　　　单位：万人

地区＼年份	2011	2012	2013	2014
六盘山区	220	184	152	120
秦巴山区	5	4	3	2
武陵山区	523	403	338	290
乌蒙山区	285	261	200	185
滇黔桂石漠化区	1041	813	664	562
滇西边境山区	289	201	171	155
大兴安岭南麓山区	30	27	17	15
燕山—太行山区	61	49	33	30
西藏区	72	59	46	33
四省藏区	136	111	79	76
新疆南疆三地州	266	266	266	172
合计	2928	2378	1969	1640

资料来源：根据《中国农村贫困监测报告（2015）》数据整理。

在中国长期高速经济增长的支撑下，少数民族地区在收入改善和贫困人口数量显著减少方面取得了举世瞩目的成就，为促进经济增长和干预式扶贫提供了实践支持。

综上所述，本书的研究不仅服务于2020年消除绝对贫困人口的近期目标，更是面向新时代扶贫工作可能出现的新情况和新问题，对如何使产业扶贫与区域属性相结合，从而推动民族地区贫困人口的全面发展，提出前瞻性的理论思考。

第二节 研究意义

一 现实意义

产业扶贫作为实施脱贫攻坚战略的重要举措，必须确保其具备"精准性"，才能实现贫困人口的真正脱贫。当前中国民族地区的产业扶贫工作中还存在诸多问题，譬如，只注重将产业做大做强，不关注贫困人口是否受益的问题；扶贫产业的选择不够科学，未能合理结合区域发展的资源条件；产业扶贫过程中只强调技术和资金，忽视贫困人口的自身能力；一些扶贫产业成为应付考察的摆设，贫困地区和人口的自我发展能力并未能由此获得提升，脱贫地区和人口存在再度返贫的风险等。这些现象的存在，说明民族地区产业扶贫工作还缺乏精准性。要合理解决这些问题，需要从理论上加以指导。所以，本书的现实意义在于：

第一，能够指导少数民族贫困地区如何合理处理好区域生态保护与发展扶贫产业间的协同关系。过去，少数民族贫困地区和贫困人口为了实现增加收入，往往选择以牺牲生态环境和不可再生资源为代价。事实证明，这种发展模式是不可持续性的。但是要做到区域生态保护与发展扶贫产业间协同，需要首先提出切实可行的发展原则与实现途径。本书从区域属性入手，探讨在不可流动性要素形成的"强约束"条件下，如何解决民族地区生态保护与区域产业发展间的协同问题。

第二，能够为少数民族贫困地区的扶贫产业培育提供政策取向。本书的一项重要研究内容，是将产业扶贫过程中的投入要素划分为不可流动性要素与可流动性要素。根据不可流动性要素的具体性质，提出了具体的应对措施。将可流动性要素具体表现为五类资本，实现了区域属性的资本化与产业属性的资本化的统一，完成了由区域属性的资本化决定的产业选择到产业属性的资本化决定的产业成长要素弥补的过渡，为扶贫产业培育指出了整体性、系统化的途径。

第三，能够为民族地区客观度量产业扶贫精准性提供一种可供操作的实践方法。本书结合增长诊断理论、区域属性、可行能力理论、产业属性，构建了产业扶贫精准性诊断框架，该框架可以为民族地区制定产业扶贫政策提供指导性帮助。

二 理论意义

本书的理论意义，主要体现为以下三个方面：

第一，通过梳理相关文献，确立新的研究切入点。本书在充分借鉴和吸收既有理论内容并与实际情况充分结合的基础上，在区域发展诊断层面对精准扶贫问题进行创新性研究。通过对区域属性的再发现，探讨了区域发展在本质上是由"脆弱性"到"适应性"再到"功能的永续性"的演进过程，从而能够以区域发展诊断视阈，实现"一个产业项目瞄准、一系列产业项目协调、所有产业项目聚集"的产业扶贫精准性问题研究的切入点。

第二，寻求以"一种经济学、多种药方"的思维方式，构建产业扶贫精准性诊断框架。恰如罗德里克所言，"恰当的增长政策几乎总是因地制宜的"，"这并非因为经济学在不同的条件下作用不同，而是因为家庭、企业、投资者所处的环境以及所提供的机会和约束有所不同"。在这一思想的影响下，执著于严格约束条件下确定改革轻重缓急、先后次序、选择性和目标专注性，本书提供了一个具有可塑性的产业扶贫精准性诊断框架。具体而言，诊断框架整合了增长诊断理论、可行能力理论和区域发展能力理论等基础理论。由可行能力理论与区域发展能力理论，提出产业扶贫精准性判别标准与思路。明确产业扶贫的最终目标是实现人的可行能力提升，以此作为产业扶贫精准性的重要判定标准。与此同时，利用区域发展诊断方法，将产业扶贫的精准性通过对构成要素遴选加以甄别。关键是将投入要素划分为不可流动性要素和可流动性要素两个大类。将产出要素聚焦于人的可行能力。通过不可流动性要素体现区域属性决定扶贫产业的"硬约束"条件。由五类资本入手，培育和壮大扶贫产业。由人的可行能力变化诊断产业扶贫是否具有精准性的减贫成效，从而形成涵盖产业扶贫整个过程的精准性诊断体系。

第三，强调了经验证据的重要性。这看起来似乎是一件不值得强调的事情，但令人诧异的是它却常常被忽视。目前，经济研究者常常在没有准确把握区域发展形势,即在没有理解该地区经济发展过程本质的情况下为该地区推荐产业发展战略。事实上,大量的经济研究论文和研究报告均怀着极大的热情努力构造回归分析模型,但是如果没有得到案例研究证实的回归分析结论依然值得商榷。最终,为了把握现实条件下区域产业扶贫的真正问题和成效,需要来自这两方面的证据。而本书主要强调了后者。具体而言,本书的经验证据主要通过典型地区产业扶贫状况的案例分析,一方面验证理论框架的可应用性,另一方面关注于提出解决现实问题的对策。与此同时,对于现实问题给出的具体政策建议应具有侧重性:对于不可流动性要素形成的"硬约束",应当挖掘、保护和传承。对于可流动性要素形成的"软约束",应当通过各种可利用要素的空间集聚和转移形成最优化的配置条件,依赖市场机制和效率。对于可行能力,应当体现产业扶贫的根本目标和归宿。对典型地区的产业扶贫政策建议,有利于这些地区在现在基础上进一步完善产业扶贫模式,提升产业扶贫精准性,实现通用性与特殊性之间的协调与互补。

第三节 研究内容

本书共包括九章,各章结构如图1-1所示。其中:第一章为绪论;第二章、第三章分别对相关文献和理论进行综述;第四章、第五章、第六章为理论研究,论述了由区域属性再发现,到构建区域发展诊断框架,再到产业扶贫精准性诊断的理论演进;第七章、第八章为实证研究,分别进行了模型分析和案例分析;第九章为结论与展望。

各章的主要内容概括如下:

第一章 绪论。本章概括了本书的研究背景、研究意义、研究内容和路线、研究方法等。

第二章 文献综述。本章主要对本书涉及的"产业扶贫""精准扶贫"和"产业扶贫"并含"精准性"的相关研究文献进行述评,为后续开展研究确定新的目标。

第三章 基础理论。本章简要概括了本书思想来源的几种主要理论,包括"贫困理论""可行能力理论""增长诊断理论""区域发展

```
         ┌─────────────────────┐
         │  第一章  绪论        │
         └─────────────────────┘
                   ↓
    ┌ - - - - - - - - - - - - - - - - ┐
    │  ┌─────────────────────┐         │
    │  │  第二章  文献综述    │         │
    │  └─────────────────────┘         │   文献整理
    │            ↓                      │
    │  ┌─────────────────────┐         │
    │  │  第三章  基础理论    │         │
    │  └─────────────────────┘         │
    └ - - - - - - - - - - - - - - - - ┘
                   ↓
    ┌ - - - - - - - - - - - - - - - - ┐
    │  ┌─────────────────────────┐    │
    │  │ 第四章 区域属性的经济学阐释│    │
    │  └─────────────────────────┘    │
    │            ↓                     │   理论研究
    │  ┌─────────────────────────┐    │
    │  │ 第五章  区域发展诊断法   │    │
    │  └─────────────────────────┘    │
    │            ↓                     │
    │  ┌─────────────────────────┐    │
    │  │ 第六章  产业扶贫精准性诊断│    │
    │  └─────────────────────────┘    │
    └ - - - - - - - - - - - - - - - - ┘
                   ↓
    ┌ - - - - - - - - - - - - - - - - ┐
    │  ┌─────────────────────────────┐│
    │  │第七章 民族地区产业扶贫精准性模型分析││
    │  └─────────────────────────────┘│   实证研究
    │            ↓                     │
    │  ┌─────────────────────────────┐│
    │  │第八章 民族地区产业扶贫精准性案例分析││
    │  └─────────────────────────────┘│
    └ - - - - - - - - - - - - - - - - ┘
                   ↓
         ┌─────────────────────┐
         │  第九章  结论与展望  │
         └─────────────────────┘
```

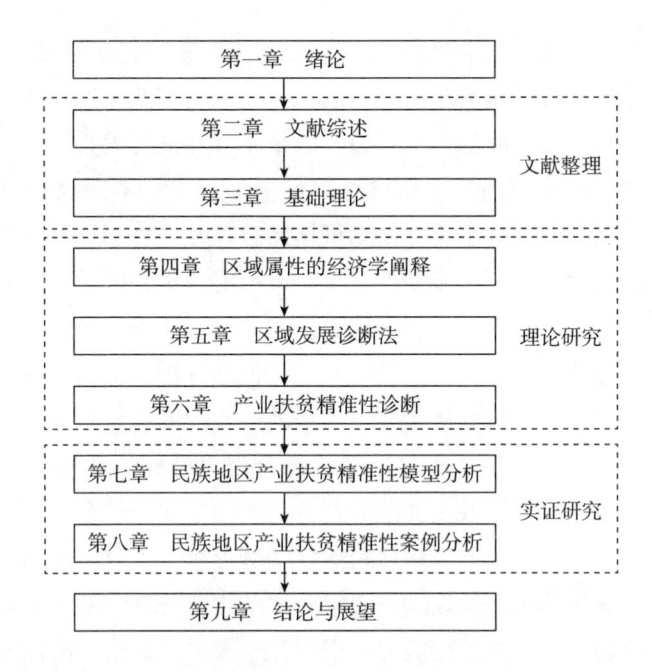

图 1-1　框架结构

能力理论"和"主体功能区域理论"等,确定了后续研究的理论切入点。

第四章　区域属性的经济学阐释。本章的逻辑结构是由区位开始讨论,引入对要素稀缺性度量的概念——区位租,得出区位租的产生和变化是与区域发展引起的要素供给与需求的共同作用的结果。随着区域发展,传统区域发展理论对不可流动性要素重视不够,成为必须解决的问题。在理解了区域的二元价值之后,区域功能经历了由区域本身的脆弱性,到人对于区域的适应性,再到区域实现自我发展的功能永续性,从而实现了区域发展中区域功能的永续性与人的全面发展的双重目标。

第五章　区域发展诊断法。本章在第四章的基础上,首先,讨论传统 SLA 范式在解决"区域属性"问题上的缺陷。其次,从增长诊断法、区域协调发展理论和可行能力理论中寻求解决思路。最后,提出区域发展诊断框架,即通过产业扶贫要素的资本化解决欠发达地区区域属性的测定问题。

第六章　产业扶贫精准性诊断。本章进一步探讨如何利用区域发展诊断法进行产业扶贫精准化诊断的具体操作过程。首先，探讨了扶贫产业属性，分析了扶贫产业与区域发展二重目标之间的关系。然后，提出了产业扶贫精准性诊断的三个项目、六个步骤和三类因素。

第七章　民族地区产业扶贫精准性模型分析。本章构建了三个模型，用于验证产业扶贫精准性诊断框架的合理性，分别针对三个核心概念——区域属性中的不可流动性要素、可行能力集、区域发展的二重目标进行实证分析。其中，生态承载力模型分析，实证了民族地区贫困县区不可流动性的变化情况。减贫成效度量模型分析，实证了民族地区可行能力的工具性变量指标体系对于解释减贫成效的优势。减贫成效与区域属性的交互耦合模型分析，分别从耦合度以及胁迫约束效应两个方面，实证了民族地区区域发展能力与可行能力之间的耦合关系。

第八章　民族地区产业扶贫精准性案例分析。本章以疏勒河项目为例，依据产业扶贫精准性诊断框架的基本结构，分别诊断了不可流动性要素、可流动性要素和可行能力。根据诊断结果，提出了次优改革的方向与对策。

第九章　结论与展望。本章对本书的主要结论进行了总结，提出了三点普适性的政策取向，并就下一步有可能深入研究的方向进行展望。

第四节　研究思路

本书的研究思路如图1-2所示。

扶贫产业精准诊断需要立足于区域属性，即必须体现"一方水土养一方人""一方水土决定一方产业"的思想。在对区域属性重新审视中，首先引入了区位和区位租概念。区位租的产生来自不可流动性要素和区域发展的共同作用。但是在目前主流的增长理论研究中，不可流动性要素被忽视和弱化了，其原因在于对区域发展（功能）的认识是一个不断演进的过程。当理解了区域价值的二元论之后，区域功能经历了脆弱性、适应性和永续性的演化过程，最终体现了区域发展的二重目标——区域功能的永续性与人的全面发展。对于区域发展二重目标实现程度的度量，研究结合了传统SLA框架、增长诊断理论、区域协调发展理论、可行能力理论，提出了一种新的方法——区域发展诊断法；将

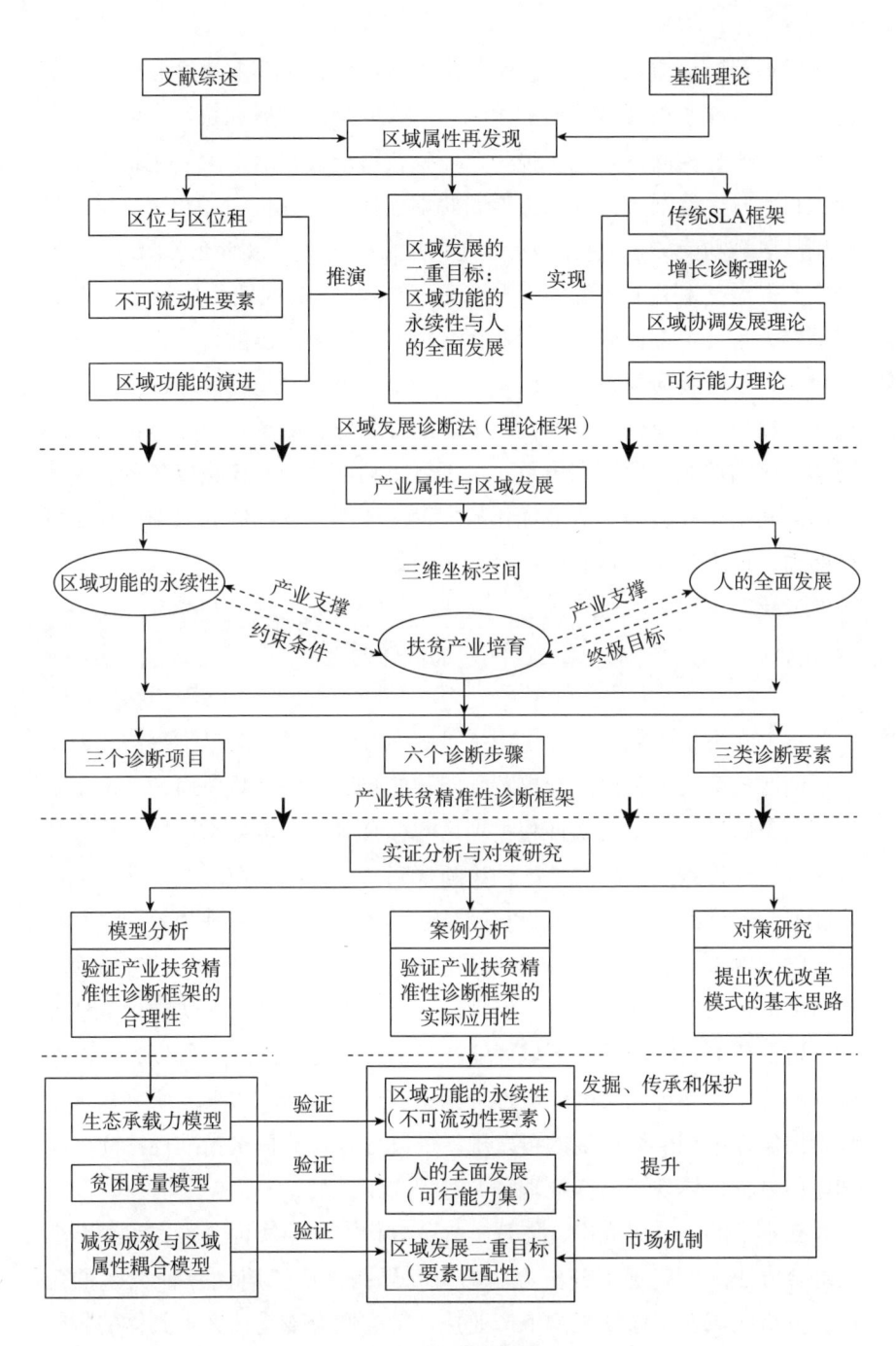

图 1-2 研究思路

区域发展诊断法应用于产业扶贫精准性诊断中，由产业属性与区域发展的关系，构成了由区域功能的永续性、人的全面发展和扶贫产业成长三个维度的坐标空间。其次，提出产业扶贫精准性诊断框架，包括三个诊断项目、六个诊断步骤和三类诊断要素。在模型分析中，利用三个模型分别从区域功能的永续性（必须对不可流动性要素给予充分重视）、人的全面发展（利用可行能力集进行度量）和减贫成效与区域属性的交互耦合关系三个方面验证了产业扶贫精准性框架提出的合理性。在案例分析中，以疏勒河项目为例验证了产业扶贫精准性诊断方法的可行性。最后，提出在产业扶贫精准性政策取向方面应有侧重：对于不可流动性要素，应当挖掘、保护和传承；对于可流动性要素，应当以各种发展要素的空间集聚和转移形成最优化的配置，体现市场机制和效率；对于可行能力，体现产业扶贫的根本目标和归宿。

第五节　研究方法

本书在理论研究上主要采用了经济学方法论中的演绎推理法，即由一般问题的解决思路出发导出特殊问题的解决思路。具体而言，本书采取了两条路径：一是由多种相关理论的综合应用，推导出区域发展诊断方法，进而再到产业扶贫精准性诊断框架。二是由区域产业扶贫精准性诊断的一般性路径推广到解决贫困县区具体化问题。多种相关理论都是经济学中解决一般性问题的成熟理论，而区域发展诊断方法是针对区域项目瞄准性问题的一个区域经济理论分支，进一步的产业扶贫精准性诊断分析框架更是具体解决区域产业扶贫的一个特殊问题。所以，解决特殊问题源于从多种相关的一般性理论中获得的启示。本书的研究从基本理论出发，再到区域属性的再发现，最终形成产业扶贫精准性诊断框架和应用过程，体现了演绎推理法的过程。

在本书的具体研究中，体现了规范分析方法与实证分析方法相结合的综合方法。沿着规范分析方法的研究思路，从"应该是什么"的角度，分析区域发展诊断视阈下产业扶贫精准性应该是什么。具体的研究从分析相关的理论入手，结合区域产业扶贫的实践经验，经过对这些理论和经验的整理和分析确定这个规范化的标准，随后寻求为确定这个规范化标准的证据，在本书中表现为产业扶贫精准性诊断框架，这也是本书的理论基础部分。另外，产业扶贫精准性对策部分也采用"应该是什么"的规范分析方法。本书的实证分析方法分为模型分析方法与典型案例分析方法，特别是通过决策树分析方法寻找哪些是影响要素中的"硬约束"条件。

经济学通常被划分为微观与宏观两大类型，经济问题自然可以从微观和宏观角度分析。然而，随着经济学的不断发展，严谨性不断增强，在应用经济学的宏观经济分析领域，越来越注重宏观经济学的微观基础。本书研究的虽是产业经济问题，却必须以宏观经济政策与微观经济基础为补充，以建立起宏观、中观、微观之间的联系，从而使研究更加系统化。

此外，本书还主要采用了以下研究方法：

文献综述法。作为学术性著作，无论是理论分析的观点、框架，还是实证分析的指标体系，都应当立足于认同度较高的基础性理论。本书的研究内容涉及发展经济学、产业经济学、区域经济学等多个学科，应用了贫困理论、增长诊断理论、可行能力理论、区域发展能力理论等多种基础理论。所以，本书对产业扶贫、精准扶贫的相关研究成果，以及各种基础理论进行了大量的文献综述，以期为研究提供理论借鉴和支撑。

典型案例调研法。在区域发展诊断视阈下，产业扶贫精准性问题呈现出明显的区域特点，只有选择具有代表性的典型地区产业扶贫状况，并进行具体、深入和细致的剖析，才能把握问题的核心要素。

系统分析法。产业扶贫精准性问题是一项典型的系统性社会工程，涉及的要素种类多样，关系复杂。只有将问题置于系统层面进行考察，才能把握问题的本质。

模型分析法。产业扶贫精准性诊断框架的提出揭示了解决该问题存在的共同规律，但是这种规律在现实中隐藏在多样性的区域属性背后。通过构建模型，实现比较不同区域属性下的产业扶贫精准性问题，并挖掘更深层次的内容，是该框架应用于现实问题的重要环节。

决策树法。在进行案例分析时，主要借鉴了罗德里克提出的增长诊断理论，主要采用了决策树法。这种方法选择主要出于以下考虑：第一，由于本书涉及的实证分析要素，主要来源于多种理论的概念模型，这些要素很多并不能直接通过年鉴数据或其他数据库数据整理获得，所以除了采用计量经济模型进行实证分析之外，案例分析的实证作用更为重要。第二，对于典型案例，采用决策树法能够按要素构成的层面性依次展开分析，从而体现在产业扶贫精准性诊断框架下的逻辑一致性。第三，采用计量经济模型，只能针对既有产业的发展情况分析，不能对尚未开展的产业进行分析。而产业扶贫却正是试图通过发展新兴产业（如生态旅游、景观农业、休闲农业等）既能实现区域功能的永续性，又能获得人的全面发展。

第二章 文献综述

相关研究文献是判断本书选题是否具备研究价值和探求新的研究视角的重要依据。由于"产业扶贫"和"精准扶贫"的提法均具有显著的中国特色，所以笔者利用CNKI系统进行了文献检索分析。在CNKI系统中，首先以"产业扶贫"为关键词进行"篇名"检索，共检索到各类期刊文献1929篇，国内、国际会议论文30篇，硕士学位论文58篇，博士学位论文1篇。然后以"精准扶贫"为关键词进行"篇名"检索，共检索到各类期刊文献7730篇，国内、国际会议论文152篇，硕士学位论文423篇，博士学位论文4篇。最后，以"产业扶贫"并含"精准"作为关键词进行"篇名"检索，仅检索到各类期刊文献113篇（其中发表于核心以上期刊文献仅有10篇），国内、国际会议论文1篇，硕士学位论文9篇。[①] 从上述文献检索的数量情况可以得出一个直观性结论：虽然"产业扶贫"和"精准扶贫"业已成为近年来的研究热点，但是多数研究成果仅涉及其中的一个方面，综合"精准性"和"产业扶贫"两方面的研究成果数量很少且缺乏高质量的文献发表。

为了明确本书的研究方向、切入点和研究重点，笔者利用"开世览文"系统和"CNKI"系统检索了中外文相关文献，分别对"产业扶贫""精准扶贫"和"产业扶贫精准性"进行文献述评。

---

① 以上数据为2018年8月26日的检索结果。

第一节 "产业扶贫"相关文献综述

在中国长期的扶贫工作中,产业扶贫始终扮演着不可替代的角色,在"涓滴式"扶贫转向"开发式"扶贫之后,产业扶贫更是发挥着举足轻重的作用。中国的产业扶贫政策具有长期的开发式扶贫实践基础,且已然形成了较深刻的理论思想体系。根据相关资料的叙述①,中国农业产业化的雏形开始于20世纪80年代中期,当时在改革开放程度较好的东部省区和一些经济发展较快的城市的城乡接合部,开始出现了"农—工—贸"一体化、"产—供—销"一体化的新型农业合作经营模式。这种模式体现了"以市场为导向""以企业为龙头""以家庭为单位"的农业产业化雏形。从20世纪90年代开始,农业产业化进入国家层面的发展战略规划当中,并成为解决"三农"问题的两个根本性的战略举措之一。与此同时,走产业化的扶贫道路,业已受到各方面的高度重视。在1993年,"中国扶贫开发协会"这一全国首个社会性组织在国务院扶贫开发领导小组办公室登记备案。该协会的一项重要的业务范围即涉及"……在贫困地区开展产业扶贫开发……"。其后,该协会在二级分支机构设立时,专门设立了"产业扶贫委员会"。而在1997年,国务院颁布了《国家扶贫资金管理办法》,专门就扶贫项目应当以能够直接应用于提高贫困人口收入的产业方面进行了说明。2001年,在国务院出台的《中国农村扶贫开发纲要(2001—2010)》中,正式将"产业化扶贫"与整村推进、劳动力输转一起,构成了扶贫模式中的"一体双翼"。2005年,国务院出台了关于专门认定扶贫龙头企业的相关政策。各级地方政府在积极配合国家产业扶贫战略的过程中,也纷纷因地制宜地将产业扶贫政策写入规划文件,努力搭建了一系列产业扶贫平台,完成了大量的扶贫示范性项目,取得了大量的阶段性成果。在中央与国务院出台的《中国农村扶贫开发纲要(2011—2020)》中,进一步提出"培植壮大特色支柱产业……带动贫困户增收"。在《关于集中

---

① 农业部农业产业化办公室、农业部农村经济研究中心:《中国农业产业经济发展报告》,中国农业出版社2008年版。

连片特殊困难地区产业扶持规划编制工作的指导意见》中,将编制产业扶贫规划规定确定为相关省区必须完成的一项工作,并将每个县区用于产业扶贫的资金比例限定于占总财政专项扶贫资金的70%以上。在《关于创新机制扎实推进农村扶贫开发工作的意见》中,"通过发展特色农业产业增加农民收入"被列入十项重点工作措施之中。在《中共中央国务院关于打赢脱贫攻坚战的决定》中,以发展特色产业进行脱贫,业已成为实现精准扶贫的一个重要环节。《中华人民共和国国民经济和社会发展第十三个五年规划纲要》中,更进一步把产业扶贫列于"脱贫攻坚八大重点工程"之首。《贫困地区发展特色产业促进精准脱贫指导意见》明确提出了关于在未来合理推进产业扶贫的具体内容以及发展目标。① 2017年,党的十九大报告提出要实施"乡村振兴战略",构建现代农业产业体系成为与深化农村集体产权改革,促进三次产业融合发展并列的三项重要举措之一。

产业扶贫结合了区域产业发展政策与区域扶贫政策。与单纯的产业发展相比,它赋予了对特殊受众(贫困人口)的瞄准性与特惠性。与其他的区域扶贫措施相比,它给予了贫困人口摆脱贫困的可行路径。产业扶贫强调贫困人口从产业发展中获得收益,并以贫困人口的自我发展与能力提升为最终诉求,从而真正实现扶贫工作由"输血"式到"造血"式的根本性转变。制定好产业扶贫政策,对实现农村贫困人口通过产业发展脱贫,推动小康社会的全面建成,缓解长期存在的相对贫困和解决区域深度贫困问题具有重大意义。

在产业扶贫的理论研究方面:早在20世纪40—60年代,发展经济学的"线性阶段模式"就涉及主导产业部门的问题。罗斯托在《经济成长阶段》一书中,认为建立主导产业部门是经济起飞的重要条件之一,主导产业通过前瞻影响、回顾影响、旁侧影响对国民经济部门产生作用。在20世纪60年代开始的"结构变动模式"理论中,刘易斯论述了解释城市的现代化产业部门与传统产业部门之间关系的二元结构模式,后来该模式被进一步发展为"刘易斯—费—拉尼斯模型",进一步

---

① 林万龙、华中星:《产业化扶贫政策与实践》,载李培林、魏后凯《中国扶贫开发报告》,社会科学文献出版社2016年版。

强调了农业的重要作用。钱纳里认为，当人均收入上升时，发生由农业向工业生产的转变，劳动力从农业部门转向工业或服务业，但是就业结构的转变滞后于生产结构的变化，经济二元结构的减轻是收入差距缩小的结果，又会反过来使收入分配恶化的状况得到缓解。①

早期的发展理论多少具有片面性，这些理论过于强调资本，重视工业化，忽视农业在经济发展中的重要性。首先认识到这个问题的是20世纪70年代发展起来的"国际依附理论"，但是该理论提出的"新殖民主义依附模型"和"错误示范模型"总体上过于偏激，仅是出于特殊的历史背景。20世纪80年代以后，随着新古典主义复苏，西方国家开始信奉供给学派理论，强调发挥市场机制的作用，但是它忽视了发达国家与发展中国家在市场机制成熟度方面的差异。②

在经济学界普遍重视由工业化道路促进经济增长，而忽略了农业作为增长源泉的时候，舒尔茨在《改造传统农业》一书中，提出了改造传统农业对于实现经济增长的意义。作为发展经济学的一部杰出著作，该书中的观点对于今天的农村产业扶贫工作仍然具有指导意义。舒尔茨在书中论述了三个问题：传统农业的特征是什么？改造传统农业的意义何在？如何改造传统农业？对于第一个问题，舒尔茨认为，传统农业就是农民完全以传统方式，以传统生产要素为基础的农业，它类似于一种均衡状态——生产要素的技术状况长期保持不变。舒尔茨认为，不能以文化价值观去曲解传统农业，也没有传统农业生产要素配置效率低下和存在隐性失业的足够证据。对于第二个问题，舒尔茨认为，改造传统农业的原因在于，传统农业中的投资效率过低。如果按照"收入流价格模型"的解释，传统农业的收入流价格偏高，导致投资收益率偏低，所以无法吸引农民的投资。对于第三个问题，舒尔茨认为，改造传统农业要依靠引进先进技术，具体的做法是：建立一套合适的改造制度，处理好成本与收益的关系，对农民进行人力资本投资。舒尔茨关于传统农业发展的要素分析与对农民进行人力资本投资的论述，不仅适用于传统

---

① 国外经济学说研究会：《现代国外经济学论文选》，商务印书馆1984年版。
② 姚开建：《经济学说史》，中国人民大学出版社2003年版。

农业，对于今天的产业扶贫工作仍然具有重要的借鉴意义。①

现代产业政策理论被认为起源于第二次世界大战后的日本经济复兴计划。战后的日本经济危机重重，人民生活极端困难，然而日本通过实施产业复兴政策与产业合理化政策，使日本成功实现部门重建与经济复兴的目的。从 1955 年之后，日本经济迅速崛起，逐渐缩小了与欧美发达国家间的差距。日本由于在此之后实行了适宜的产业发展政策，所以其经济增长在 20 世纪中后期得以高速发展，并最终成为世界屈指可数的几大经济强国之一。日本的经济增长奇迹引发全球对于产业政策的关注，使产业政策成为各国经济发展所必须关注的重点领域。

产业扶贫在中国实质上体现为瞄准于区域贫困的产业政策，建立在推进贫困地区经济发展的前提条件下，通过产业政策促进地区产业发展，从而使贫困家庭的能力获得改善。与单纯的产业政策相比，产业扶贫政策专门针对贫困地区和贫困人口，所以也兼有瞄准性和特惠性，是典型的"亲贫式"增长政策。

一 国外相关研究综述

国外的相关理论研究主要关注于不同产业构成的减贫成效②，对不同产业之间减贫成效的比较研究③，绿色增长下的产业扶贫政策取向，扶贫产业实践情况等。

（一）不同产业构成的减贫成效

Ravallion 和 Datt 在对于印度区域面板数据分析后认为，以地区间差异考量，扶贫效果对农业性产出的弹性不存在显著性差异，但是扶贫效果对非农业性产出的弹性却存在较明显的差异，不过这同时还取决于地区的人口素质、农业产出水平、农业基础设施、自然条件和公共服务水平等。④ Suryahadi 等考察了印度尼西亚的贫困问题，研究认为该地区

---

① 西奥多·舒尔茨：《改造传统农业》，商务印书馆 2006 年版。
② Loayza, N. and Raddatz, C., *The Composition of Growth Matters for Poverty Alleviation*, World Bank Policy Research Working Paper 4077, World Bank, Washington, D. C., 2006.
③ Christiansen, L. and Demery, L., *Down to Earth: Agriculture and Poverty Reduction in Africa*, The World Bank, Washington, D. C., 2007.
④ Ravallion, M. and Datt, G., "Why has Economic Growth been More Pro-poor in Some States of Lndia Than Others?", *Journal of Development Economics*, 2002 (68): 381-400.

服务业的增长对于缓解各个部门和地区的贫困均有显著效果,农业增长在农村地区的减贫中发挥着重大作用。① Ferreira 等对巴西 20 年的数据分析显示,扶贫效果在不同部门、不同区域和不同时期均存在显著性差异。其中,从三大产业来看,第三产业的扶贫效果大于第一产业和第二产业。第二产业的扶贫效果存在地区间差异,这种差异同时受到基本人口素质和初始人权状况的显著影响。② Montalvo 和 Ravallion 使用省级面板数据,研究了中国近 30 年的贫困变动情况,认为减贫成效在部门和地区间存在非均衡性,而农业经济增长是减少贫困的主要动力。③

(二) 不同产业之间减贫成效比较

在农业产业减贫成效的相关研究中,Datt 和 Ravallion 利用一组 43 年的国家间面板数据分析后认为,农业技术、基础设施和人力资本是减贫成效存在差异的主要因素。④ Thorbecke 和 Hong – Sang、Dercon、Sumarto 和 Suryahadi、Christiansen 和 Demery 的研究认为,农村经济改革导致的相对价格变化以及资源条件、人力资本、区位等因素的差异,是农村减贫成效的主要影响因素。⑤

然而,并非所有的研究结论都认为农业产业发展一定有利于减少贫困。例如,Quizon 和 Binswanger 利用局部均衡市场模型研究了印度的减

---

① Suryahad, A., Suryadarma, D. and Sumarto, S., "The Effects of Location and Sectoral Components of Economic Growth on Poverty: Evidence from Indonesia", *Journal of Development Economics*, 2009, 89 (1): 109 – 117.

② Ferreira, G. H., Leite, P. G. and Ravallion, M., "Poverty Reduction without Economic Growth? Explaining Brazil's Poverty Dynamics, 1985 – 2004", *Journal of Development Economics*, 2010 (93): 20 – 36.

③ Montalvo, J. G. and Ravallion, M., "The Pattern of Growth and Poverty Reduction in China Original Research Article", *Journal of Comparative Economics*, 2010, 38 (1): 2 – 16.

④ Datt, G. and Ravallion, M., "Why have Some Indian States Done Better Than Others at Reducing Rural Poverty", *Economica*, 1998, 257 (65): 17 – 38.

⑤ Thorbecke, E. and Hong – Sang J., "A Multiplier Decomposition Method to Analyze Poverty Alleviation", *Journal of Development Economics*, 1996, 48 (2): 279 – 300.
Dercon, S., "Economic Reform, Growth and the Poor: Evidence from Rural Ethiopia", *Journal of Development Economics*, 2006, 81 (1): 1 – 24.
Sumarto and Suryahadi, "Indonesia Country Case Study", in Bresciani and Valdés (eds.), *Beyond Food Production: The Role of Agriculture in Poverty Reduction*, Food and Agriculture Organization of the United Nations and Edward Elgar, Cheltenham, 2007.

贫状况，认为单纯的农业产业发展对于缓解农村贫困的作用并不显著。① 而要持续带来对农村贫困的减缓成效，应当主要依靠于提高非农业产业发展收入。② 与此类似，Warr 和 Wang 对于中国台湾农村扶贫问题的实证研究也同样发现，最有效的减缓贫困的成效还是来自工业持续增长的贡献。③

此外，还有一些研究认为第一、第二、第三次产业的减贫成效之间不存在显著性差异。例如，Foster 和 Rosenzweig 利用一组印度农村家庭面板数据，实证分析了农业生产力改进与乡村工厂发展对增加农民家庭收入和减缓收入不平等的影响，研究结果认为两者的减贫成效不存在显著性差异。④ Warr 的研究认为，服务业和农业部门的增长对东南亚四国减少贫困的影响是相同的。⑤

（三）绿色增长下的产业扶贫政策取向

有一种观点认为，可以同时实现保护生态与赢得增长，即"绿色增长"。⑥ 此种观点对于贫困地区产业扶贫政策制定的吸引力在于既保留了贫困地区由产业政策实现经济增长的可能性，同时又有效避免了生态破坏后造成经济成长轨迹的有偏性。要真正确保产业扶贫政策符合绿色增长的要求，需要从四个核心维度进行评估：第一，是否可以通过外部性问题的内部化使贫困人口受益。第二，是否存在绿色劳动力需求的增长性。第三，是否为贫困人口转移到更高回报的生计领域提供便利。

---

① Quizon, J. and Binswanger, H., "Modeling the Impact of Agricultural Growth and Government Policy on Income Distribution in India", *World Bank Economic Review*, 1986 (1): 103 – 148.

② Quizon and Binswanger, "What can Agriculture do for the Poorest Rural Groups?", in Adelman and Lane (eds.), *The Balance between Agriculture and Industry in Economic Development*, Social Effects 4, 1989.

③ Warr and Wang, "Poverty, Inequality and Economic Growth in Taiwan", in Ranis and Hu (eds.), *The Political Economy of Taiwan's Development into the 21st Centur*, Essays in Memory of John and Elgar, London, 1999.

④ Foster, A. D. and Rosenzweig, M. R., *Agricultural Development, Industrialization and Rural Inequality*, *Mimeo*: Brown University and Harvard University, 2005.

⑤ Warr, P. G., "Poverty and Growth in Southeast Asia", *ASEAN Economic Bulletin*, 2006 (23): 279 – 302.

⑥ OECD, *Towards Green Growth*, Paris: Organization of Economic Cooperation and Development, 2011.

第四，是否具有空间联通性和流动性并推动了地区间的联系。① 所以，绿色增长下的产业扶贫政策不仅关系到贫困人口的可持续生计和资本，而且还需要关注部门和空间纬度的交互作用。其中可能涉及：生态资源的定价与监管②，绿色能源投资与减少贫困之间的权衡③，与"绿色"相适应的投资等④。

（四）扶贫产业实践情况

此外，国外还有一些关于扶贫产业实施情况的报道。例如，联合国工业发展组织曾对泰国的 OTOP（One Tambon One Product）项目的实施效果进行了调研评估。该项目旨在鼓励和引导农民利用季节性空闲时间，发挥自己的传统技能生产和销售手工艺品及食品等特色产品。该项目的实施虽然在一定程度上改善了贫困人口的生活水平，并促进了农村个体手工业向区域集群化方向发展，但是评估报告却显示只有很少一部分人从项目中获益，而且获益人员往往并不是最底层的贫困人口，而实际上是使小企业从中获益。⑤

---

① Stefan D., "Is Green Growth Good for the Poor", *The World Bank Research Observer*, 2014, 29 (2): 163–185.

② Deaton, A., "Savings and Liquidity Constraints", *Econometrica*, 1991, 59 (5): 1221–1248.

Coady, D. et al. *The Magnitude and Distribution of Fuel Subsidies: Evidence from Bolivia, Ghana, Jordan, Mali and Sri Linka*, Working Paper WP/06/247. International Monetary Fund, Washington, D. C., 2006.

Blake, R. et al., "Urban Climate: Processes, Trends and Projections", in Rosenzweig, C. et al. (eds.), *Climate Change and Cities: First Assessment Report of the Urban Climate Change Research Network*, Cambridge: Cambridge University Press, 2011.

③ Harrington, W., Morgenstern, R., Velez–Lopez, D., *Tools for Assessing the Costs and Benefits of Green Growth: The US and Me'xico*, Paper presented at the Green Growth Knowledge Platform Conference, Mexico City, January, 2012.

Engel, D., Kammen, D., *Green Jobs and the Clean Energy Economy*, Thought Leadership Series4, Copenhagen Climate Council, Copenhagen, 2009.

④ Morduch, J., "Income Smoothing and Consumption Smoothing", *Journal of Economic Perspectives*, 1995, 9 (3): 103–114.

Strand, J., Toman, M., *Green Stimulus, Economic Recovery, and Long–term Sustainable Development*, Policy Research Working Paper Series 5163, World Bank, Policy Research Department, Washington, D. C., 2010.

⑤ 张琦、王建民：《产业扶贫模式与少数民族社区发展》，民族出版社 2013 年版。

二　国内相关研究综述

在中国，农业产业化的发展规模日益扩大，产业发展模式不断推陈出新，产业间的融合度也日益加强。由此，对于产业扶贫的相关研究也逐渐受到重视，彰显了产业扶贫在中国贫困模式中的重要位置。总体来看，国内对于产业扶贫的相关理论还是较为丰富的，其研究内容主要涉及产业扶贫的四个方面，即产业扶贫的概念、产业扶贫的组织模式、产业扶贫的利益联结机制以及产业扶贫的成效等。

（一）产业扶贫的概念

在产业扶贫的概念方面，龚晓宽提出产业扶贫是一种"发展以市场经济为导向，以科技为支撑，以农产品为原料，以加工或销售企业为龙头，具有地方特色的支柱产业，通过拳头产品带动基地建设，通过基地建设联系千家万户，从整体上解决贫困农户的温饱"的模式。① 张琦等认为，"从更广义的角度讲，所谓产业扶贫就是以市场为导向，以龙头企业为依托，利用贫困地区所特有的资源优势，逐步形成'贸工农一体化、产加销一条龙'的产业化经营体系，持续稳定地带动贫困农民脱贫增收"。

（二）产业扶贫的组织模式

随着产业政策的逐步发展和完善，目前的产业扶贫组织模式已经初步成型。尧水根根据在产业扶贫链中起龙头作用的环节要素的不同，将中国农村产业扶贫归纳为优势产业、企业（公司）、科技引导、合作社（协会）、专业市场五种具体产业扶贫模式。② 杨国涛等提出了可以将产业化扶贫模式归纳为公司带动型、基地带动型、合作组织带动型、优势产业带动型和乡村旅游五种模式的划分思路。③ 林万龙等将产业扶贫中的组织模式归纳为龙头企业带动型、合作社或大户带动型、电商平台带

---

① 龚晓宽、王永成：《财政扶贫资金漏出的治理策略研究》，《经济理论与经济管理》2006年第6期。
② 尧水根：《产业化扶贫模式研究》，《老区建设》2008年第12期。
③ 杨国涛、尚永娟：《中国农村产业化扶贫模式探讨》，《乡镇经济》2009年第9期。

动型三种。① 此外，陈琦等、王碧宁、马合肥、周者军也分别对产业扶贫的各种组织模式进行了案例分析。②

(三) 产业扶贫的利益联结机制

相关研究认为，产业扶贫在表面上表现为生产的工业化、布局的区域化、服务的专门化和管理的企业化，这一过程，实际上是在市场机制条件下将贫困地区的资源通过产、供、销一条龙形式，将各环节由原先分离状况改为供需链条件下的耦合状态，以价值链作为连接其间的纽带。林万龙等将产业扶贫的利益联结机制总结为通过合同、合作、股份合作等方式，"贫困户可以获得相应的生产报酬、利润分红、股金等收入，切实获得产业培育壮大后的福利，实现脱贫增收"。张琦等将产业扶贫的利益联结机制以流程图的形式进行了概括，如图2-1所示。

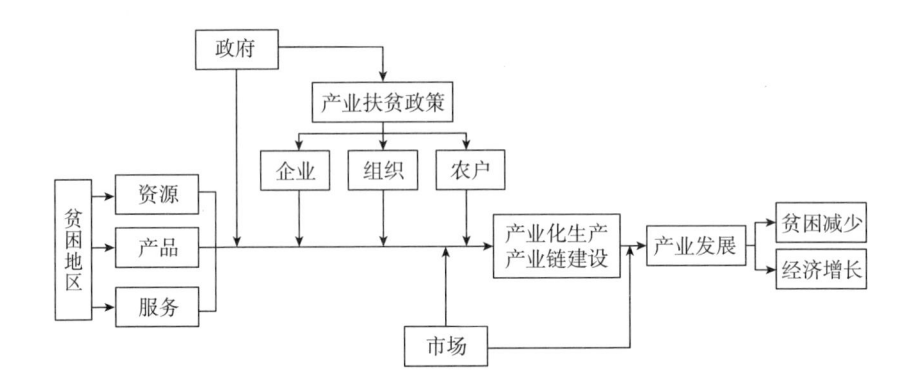

图2-1 中国产业扶贫的利益联结机制

资料来源：张琦、王建民等：《产业扶贫模式与少数民族社区发展》，民族出版社2013年版，第26页。

---

① 林万龙、华中昱：《产业扶贫政策与实践》，载李培林等《中国扶贫开发报告》，社会科学文献出版社2016年版。

② 陈琦、何静：《专业合作社参与扶贫开发行动分析——来自QZB茶叶合作社的案例》，《中共福建省委党校学报》2015年第3期；王碧宁：《燕山贫困集中区特色产业扶贫模式实证分析——以河北省平泉县为例》，《经济论坛》2016年第4期；马合肥：《精准电商扶贫的陇南模式》，《法制与社会》2016年第1期；周者军：《陇南网店数量销售额居全省第一》，《甘肃日报》2016年3月4日。

(四) 产业扶贫成效

在产业扶贫成效方面，目前的研究成果不多。原因在于产业扶贫因素很难有效地与产业发展其他问题相互区分，导致针对性研究存在不少困难。当前关于产业扶贫政策实施效果的论述，绝大多数停留在宣传性层面。在产业扶贫成效的评价方法方面，目前有一些研究，比如张焱等针对云南省财政扶贫资金的运用，设计了一套包括项目完成与质量、项目建设内容的合规性、项目实施管理情况、农户参与情况、资金到位情况、资金使用情况、财务管理情况、效益和效果等指标的扶贫产业绩效评价体系。[①] 但是，真正应用各种模型方法，在实证层面研究产业扶贫绩效的成果仍然很少。特别是相关实证研究的落脚点都是产业与农民收入之间的关联影响，并没有真正聚焦到产业与贫困人群之间的互动，因此更多的是在强调产业发展，而不是产业扶贫。比如，孙新章等以山东龙口市为例，研究了产业对当地农民收入和农户行为的影响，其研究认为当地第一产业发展对农民收入弹性较强，而第三产业影响不显著。[②] 此外，郭建宇还对山西省农业产业化扶贫效果进行了实证研究，通过对山西农村 5 个县 30 个村 270 个农户 2008 年的抽样调查问卷数据进行了 Probit 回归分析，证明农业产业化经营对参与农户在收入、机会、能力三方面有积极影响。[③]

三 小结

通过对国内外关于"产业扶贫"的研究文献综述，可以看出国外的相关研究成果较为丰富，主要涉及产业和部门结合对产业减贫效果的影响分析，生态保护与产业扶贫政策间的关系，产业扶贫案例等宏观、中观、微观层面问题的分析，并且在一些研究成果中提出了区域间由要素禀赋的差异导致产业扶贫成效呈现非均衡性的重要原因，对要素构成

[①] 张焱、李勃：《云南省财政扶贫资金产业扶贫项目绩效评价指标体系构建探析》，《湖南农学通报》2010 年第 10 期。

[②] 孙新章、成升魁、张新民：《农业产业化对农民收入和农户行为的影响——以山东省龙口市为例》，《经济地理》2004 年第 7 期。

[③] 郭建宇：《农业产业化扶贫效果分析——以山西省为对象》，《西北农林科技大学学报》（社会科学版）2010 年第 7 期。

的系统性梳理和要素禀赋结构与减贫成效间的关系进行了大量的实证研究。相比较而言，国内的相关研究仍然过于微观，缺乏清晰明显的系统性，现有的主要研究成果多停留在贫困地区的优势产业分析或产业建设方面的典型案例分析，难以落到与贫困地区和贫困人口的切实关怀层面，这也使该领域的相关研究模糊性非常强，未能形成一致的研究框架。因此，国内文献的实证研究即使采用了一些较为复杂的模型分析方法，其结论的可靠性也容易受到质疑。

第二节 "精准扶贫"相关文献综述

精准扶贫是以习近平总书记为核心的党中央在社会主义现代化建设的新时期对扶贫工作提出的一项重大的理论和模式创新，是对于具有中国特色的社会主义扶贫思想和方式的重要发展。精准扶贫的重要思想正式提出于2013年，习近平总书记在湖南湘西考察时的重要讲话，即扶贫工作要做到"实事求是、因地制宜、分类指导、精准扶贫"。2014年，习总书记在"两会"期间进一步阐释了精准扶贫的"六个精准"的理念，即"扶贫对象要精准、项目安排要精准、资金使用要精准、措施到位要精准、因村派人要精准、脱贫成效要精准"。2015年，习总书记在贵州省考察期间，进一步对"十三五"期间的扶贫工作提出了指示，一是确保中国到2020年彻底消除贫困人口，二是提出了"三个精准"，即扶贫开发"贵在精准，重在精准，成败之举在于精准"。

国内外学者对精准扶贫的理论研究主要包括四个方面：精准扶贫瞄准机制、精准扶贫实施难题、精准扶贫绩效评价和精准扶贫创新机制。

一 精准扶贫瞄准机制

关于精准扶贫的瞄准机制，代表性观点有：对于以县为扶贫单元的扶贫瞄准机制，Riskin等、NG Wing-fai、World Bank认为，以县为单元的扶贫瞄准政策，在一定程度上可能增大扶贫资金被挪用的风险。此外，众多处于贫困县之外的贫困人口被排除在瞄准范围之外，所以降低了扶贫资金真实用于贫困人口的效率。① 对于以村为扶贫单元的瞄准机制，在唐丽霞等的研究中，也同样认为给贫困村规定一定的名额数量，会使一部分真正的贫困村由于名额的限制而被排除在瞄准范围之外。② 汪三贵的研究通过实证分析发现，2001年以贫困村作为瞄准单元的错误率是以贫困县作为瞄准单元的错误率的2倍多。原因在于以贫困村作为瞄准单元，缺乏可靠的收入统计方法，仅能依靠民主评议的方法来投票选举。这种确定贫困村的方法虽然合法，但是可能受到大量其他因素的影响，不能瞄准真正的贫困对象。③

二 精准扶贫实施难题

关于精准扶贫实施中存在的困难研究，主要观点有：李鹍等认为，要做到精准扶贫必须解决五个方面的实施困难，所以应当通过机制创新，建构复合型的扶贫治理共同体，从而取得精准扶贫的可持续性，进而激发精准扶贫的常态效应。④ 郭小妹认为，精准扶贫在四个方面面临着严峻的挑战，即缺乏贫困户识别的相关技术与政策、当前乡村治理中存在的困难、如何做好贫困农户思想观念的转变以及在制定扶贫政策时，由于政策本身的不完备而带来的制度缺陷。⑤ 汪三贵等指出，在精准扶持方面存在两个问题，一方面由于没有深入了解贫困户的需求，开展的扶贫项目与贫困人口的实际需求往往有很大差异，贫困农户从扶贫开发中得到的收益十分有限；另一方面由于不同贫困户的致贫原因是复杂多样的，并且具有差异性，过去对扶贫资金、项目的管理显然不符合精准扶贫的要求。以往扶贫资金通常与项目捆绑在一起，缺乏足够的灵

---

① Riskin et al., *Rural Poverty Alleviation in China: An Assessment and Recommendation*, Report prepared for UNDP, 1996; NG Wing-fai, *Poverty Alleviation in the Ningxia Hui Autonomous Region, China, 1983-1992*, Hong Kong: The Chinese University of Hong Kong, 2000; World Bank, *Attacking Poverty*, Cambridge: Oxford University Press, 2001.

② 唐丽霞、罗江月、李小云：《精准扶贫机制实施的政策和实践困境》，《贵州社会科学》2015年第5期。

③ 汪三贵：《在发展中战胜贫困——对中国30年大规模减贫经验的总结与评价》，《管理世界》2008年第11期。

④ 李鹍、叶兴建：《农村精准扶贫：理论基础与实践情势探析——兼论复合型扶贫治理体系的建构》，《福建行政学院学报》2015年第2期。

⑤ 郭小妹：《精准扶贫机制实施的政策和实践困境》，《贵州社会科学》2015年第5期。

活性。① 杨秀丽指出，科学精准识别贫困人群是扶贫的基础，面对农村贫困状况的新变化，精准扶贫面临政府部门责任不清、资金匮乏、制度保障缺乏的困境。② 梁士坤指出，精准扶贫实施中存在瞄准偏差、人口流动背景下的贫困户参与度不足、内部分化导致的成本激增、管理机制中的效率低下、资源链接中的社会力量参与欠缺等问题。③ 邱明红等认为，由于中国扶贫制度中的人性困惑、乡村治理的"内卷化"、能力弱化、贫困者机会，以及权利的贫困、扶贫政策欠合理及基层下部的问题等，导致精英捕获问题、"扶贫依赖症"、腐败风险，以及可能引发的社会风险。④

三 精准扶贫绩效评价

由于精准扶贫的重大社会影响力，其扶贫效果评价自然受众多学者的关注。相关研究主要集中于两方面：一是扶贫绩效评价的指标体系。代表性观点有：庄天慧等以西南少数民族地区贫困县为研究对象，构建了包括温饱水平、生产生活条件、生态环境和发展能力四个方面在内的评价指标体系。⑤ 焦克源等从公允价值的角度对农村专项扶贫政策绩效进行评价。⑥ 黄梅芳等构建了扶贫绩效评价指标体系，该体系包括七个一级指标，即经济效益、就业效益、收入效益、基础设施的增长、社会保障、人力资本培育、生态建设。⑦ 陈升等经过案例研究，得出影响中国精准扶贫绩效的因素包括4个层面9个因素，分别是精准识别层面的扶贫对象精准，精准帮扶层面的项目安排精准、资金使用精准、措施到

---

① 汪三贵、郭子豪：《论中国的精准扶贫》，《贵州社会科学》2015年第5期。
② 杨秀丽：《精准扶贫的困境及法制化研究》，《学习与探索》2016年第1期。
③ 梁士坤：《新常态下的精准扶贫：内涵阐释、现实困境及实现路径》，《长白学刊》2016年第5期。
④ 邱明红、邱冰：《精准扶贫中的"援助诱惑"：问题、成因及治理》，《长沙理工大学学报》（社会科学版）2016年第5期。
⑤ 庄天慧、张海霞、余崇媛：《西南少数民族贫困县反贫困综合绩效模糊评价——以10个国家扶贫重点县为例》，《西北人口》2012年第3期。
⑥ 焦克源、吴俞权：《农村专项扶贫政策绩效评估体系构建与运行——以公共价值为基础的实证研究》，《农村经济》2014年第9期。
⑦ 黄梅芳、于春玉：《民族旅游评价指标体系及其实证研究》，《桂林理工大学学报》2014年第2期。

户精准、因村派人精准，精准管理层面的农户信息管理、阳光操作管理、扶贫事权管理，精准考核层面的考核扶贫成果。① 莫光辉提出绿色减贫概念，认为在扶贫绩效考核中应考虑生态因素。② 二是绩效评价方法的研究。代表性观点有：张曦采用 DEA 方法在贫困测度基础上考察参与式扶贫绩效评价。③ 吕国范采用层次分析法 AHP 和偏离额度分析法 SSM 对龙头企业带动型的资源产业扶贫的绩效进行评估。④ 孙璐等采用 AHP – TOSPSIS 方法对扶贫开发项目的绩效进行评估。⑤

四 精准扶贫创新机制

关于精准扶贫创新机制的代表性观点：刘彦随等研究了农村贫困化地域分异规律，说明了农村贫困化的主导因素。⑥ 王介勇从精准识别、精准管理、相关配套制度改革等方面提出了精准扶贫政策创新路径。⑦ 邓维杰发现，精准扶贫中出现了突出的对贫困户的排斥现象，认为应采取自上而下和自下而上融合的贫困户识别和帮扶机制。赵武等认为，精准扶贫应进行包容性创新，通过体制机制创新减少社会排斥，向贫困者提供公开参与、公平享受经济与科技发展成果的机会，形成可持续的扶贫长效机制。⑧ 杨振、张志国等、汪磊研究了贫困人口识别机制，构建多维贫困测度模型，从多维贫困的角度分析贫困人口成因、贫困地区差

---

① 陈升、潘虹、陆静：《精准扶贫绩效及其影响因素：基于东中西部的安全研究》，《中国行政管理》2016 年第 9 期。
② 莫光辉：《绿化减贫：脱贫攻坚战的生态扶贫价值取向与实现路径——精准扶贫绩效提升机制系列研究之二》，《现代经济探讨》2016 年第 11 期。
③ 张曦：《连片贫困地区参与式扶贫绩效评价》，博士学位论文，湘潭大学，2013 年。
④ 吕国范：《中原经济区资源产业扶贫模式研究》，博士学位论文，中国地质大学，2014 年。
⑤ 孙璐、陈宝峰：《基于 AHP – TOSPSIS 方法的扶贫开发项目绩效评估研究——以四川大小凉山地区为例》，《科技与经济》2015 年第 1 期。
⑥ 刘彦随、周扬、刘继来：《中国农村贫困化地域分异特征及其精准扶贫策略》，《中国科学院院刊》2016 年第 3 期。
⑦ 王介勇：《我国精准扶贫政策及其创新路径研究》，《中国科学院院刊》2016 年第 3 期。
⑧ 邓维杰：《精准扶贫的难点、对策与路径选择》，《农村经济》2014 年第 6 期。

异等。① 莫光辉指出，精准扶贫方式应该从"漫灌式"扶贫转向"滴灌式"帮扶，真正了解贫困对象的实际需求。② 黎沙认为，应当从主体、机制和资源三个方面对精准扶贫的路径进行优化。③ 宫留记认为，可以通过制定扶贫法，从而在精准扶贫工作中明确政府和市场的边界，由顶层设计推动扶贫工作的市场化进程。④

五 小结

精准扶贫是一项复杂性高、涉及领域广的系统性工程。从研究内容看，相关研究成果虽然讨论了精准扶贫的概念、实施难题、绩效评价、创新机制等，但是没有形成一致性的理论分析框架，缺乏必要的理论支撑，所以获得的有价值的研究成果并不多，无法真正为区域扶贫决策提供科学依据。从研究方法看，虽然国内学者在精准扶贫绩效分析中使用了一些定量分析方法，但是采用的计量模型本身的合理性有待商榷。从研究视角看，相关研究成果多局限于小范围的个案调查，缺乏不同案例间比较研究或区域层面的系统性研究。

第三节 "产业扶贫精准性" 相关文献综述

截至 2018 年 8 月 26 日，利用 CNKI 系统检索出产业扶贫精准性的研究成果仅有 113 篇，发表于核心以上期刊的论文仅有 10 篇，整体上缺乏一定的理论分析体系。

产业扶贫精准性研究的代表性成果主要有：全承相等在界定了精准扶贫内容的基础上，提出了三个方面的政策建议：开展农民产业技能培

---

① 杨振：《中国农村居民多维贫困测度与空间格局》，《经济地理》2015 年第 12 期；张志国、聂荣、闫宇光：《中国农村多维贫困测度研究——以辽宁省农村为例》，《数学的实践与认识》2016 年第 7 期；汪磊：《精准扶贫视域下我国农村地区贫困人口识别机制研究》，《农村经济》2016 年第 7 期。

② 莫光辉：《绿色减贫：脱贫攻坚战的生态扶贫价值取向与实现路径》，《中国特色社会主义研究》2016 年第 2 期。

③ 黎沙：《我国精准扶贫的实践困境及对策研究》，博士学位论文，南京大学，2016 年。

④ 宫留记：《政府主导下市场化扶贫机制的构建与创新模式研究——基于精准扶贫视角》，《中国软科学》2016 年第 5 期。

训、提供积极有效的财税金融政策、健全产业扶贫的绩效考核制度。①李荣梅认为,"公司+合作社+农户"的模式,更加适合于当前的产业扶贫工作,应当建立多主体间的利益联动机制,促进良性互动关系。②李博等以贫困村大棚蔬菜产业发展情况为例进行了案例研究,该研究认为产业扶贫中以合作社为依托的产业扶贫存在的问题主要来自实施前的权力主导和弱势吸纳、实施中的扶贫资源股份化运作和实施后的事本主义,在中央和地方构成的类似于"委托—代理"关系中,双方利益诉求的差异迫使地方以打造"戴帽项目"和"亮点工程"来进行权力"寻租",产业扶贫目标靶向出现了偏离。另外,扶贫资源资本化和蔬菜种植规模化的产业发展模式使产业扶贫陷入了重产业发展而轻扶贫济困的困境,扶贫和开发处于一定程度的脱嵌状态。产业扶贫以项目制为核心追求的短、平、快逻辑造成了产业发展的非持续性。③马九杰等论述了基于促进贫困户信贷融资、通过信贷资金资本化参与产业扶贫开发、分享利润分配、增进财产权收益、实现增收脱贫的精准化金融产业扶贫的创新机制。④马楠基于民族地区特色产业开发扶贫的价值分析,提出提高产业扶贫精准度的关键在于解决产业发展方向、市场稳定和扶贫成果保护三方面的精准,应当从创新机制、"因地制宜"和建立产业分类动态预警机制三个方面加以解决。⑤刘祚祥等研究了精准扶贫背景下的金融产业扶贫,认为精准扶贫的特点在于对贫困户的精准识别与信息共享,并以此降低金融机构向贫困农户获取信用的搜寻成本,为贫困农户提供金融服务创新奠定了新的基础。精准扶贫将贫困地区的贫困农户识别出来,集合为贫困户数据库,在此基础上与农村的社区信用结合形成了基于精准扶贫的信息共享机制,从而扩大了农户的信用范围,提

---

① 全承相、贺丽君、全永海:《产业扶贫精准化政策论析》,《湖南财政经济学院学报》2015 年第 2 期。

② 李荣梅:《精准扶贫背景下产业扶贫的实践模式及经验探索》,《青岛农业大学学报》(社会科学版) 2016 年第 4 期。

③ 李博、左停:《精准扶贫视角下农村产业化扶贫政策执行逻辑的探讨——以 Y 村大棚蔬菜产业扶贫为例》,《西南大学学报》(社会科学版) 2016 年第 7 期。

④ 马九杰、罗兴、吴本健:《精准化金融产业扶贫机制创新探究》,《当代农村财经》2016 年第 9 期。

⑤ 马楠:《民族地区特色产业精准扶贫研究——以中药材开发产业为例》,《中南民族大学学报》(人文社会科学版) 2016 年第 1 期。

高了贫困农户的金融缔约能力，降低了贫困农户企业家行为的成本，为提高贫困农户的自生能力创造了有利条件。① 莫光辉认为，我国产业扶贫实践虽然取得了显著的减贫脱贫成效，但是仍然存在产业趋同、贫困户参与机制和利益分享机制缺乏、绿色生态保护有限、风险抵抗机制不健全、科技投入不足等方面的问题，研究认为应当注重政策规划对产业发展的协调作用、建立有效的利益捆绑机制与精准共享机制、重视风险保障机制的建设及研究、通过绩效考核有效监督生态绿色与产业发展的结合、结合"互联网＋"和大数据等高新科技的产业扶贫实践优化路径。② 王立剑等借鉴了 SPO 与 RHM 模型，建立了三个维度（个人因素、精准识别、配套措施）构成的产业扶贫效果协变量评价指标体系，实证了陕西省三个贫困县的产业扶贫效果，结论认为在一对一匹配下，人均年增收仅为 1510.04 元，扶贫效果并不显著。但是该研究结论具有较明显的地域局限性，对于产业扶贫目标选择与实施过程精准性缺乏研究。③

第四节 文献评价

从现有的文献中可以总结出对产业扶贫的基本认识，即产业扶贫在表面上表现为生产的工业化、布局的区域化、服务的专门化和管理的企业化，在实质上强调了以市场机制组织贫困地区资源的生产、加工和销售，使三者之间由原来各自分享的单纯买卖关系变为以供应链为纽带、以价值链为核心的利益关系，产业扶贫的最终目的在于实现产业发展和扶贫开发。对产业扶贫效果的定量测算的主要困难在于难以处理区域与贫困户群体的系统性差异与时间效应，无法将产业扶贫效果作为独立的评估对象等。

---

① 刘祚祥、杨密：《精准扶贫、信息共享与贫困农户金融服务创新——以张家界金融产业扶贫为例》，《长沙理工大学学报》（社会科学版）2017 年第 1 期。
② 莫光辉：《精准扶贫视域下的产业扶贫实践与路径优化——精准扶贫绩效提升机制系列研究之三》，《云南大学学报》（社会科学版）2017 年第 1 期。
③ 王立剑、叶小刚、陈杰：《精准识别视角下产业扶贫效果评估》，《中国人口·资源与环境》2018 年第 1 期。

虽然产业扶贫精准化诊断研究存在一定的困难，但是如同罗德里克所言，"问题的瓶颈在哪里，问题重要性如何，只要沿着这条思路来思考，一个更有效的发展策略离我们不远了，因为这个策略是建立在狐狸式的现实主义之上，这就像你有一辆开不动的老爷车，你给它一副新的挡泥板，新的车头灯，一层新油漆，还有一个更强劲的引擎，这辆车是好看多了，但是能不能跑起来又是另外一回事儿。也许，这时候我们常常需要回归常识"。① 正是由于各地的实际产业发展状况和区域要素禀赋结构间存在本质的不同，这使试图通过丢弃区域属性而追求通用型的产业扶贫精准性诊断框架几乎全无意义，即使表面看来用于判断的方法拥有多么高明的数量分析过程。除此之外，还由于产业扶贫政策在实际操作过程中也通常会与其他区域发展政策、扶贫开发政策相互交叉，这也导致了专门针对产业扶贫精准性问题的研究难以合理处理这些关系。所以目前针对产业扶贫精准性问题有价值的研究成果不多，且质量普遍不高即是这种困难的客观反映。

　　本书认为，解决产业扶贫精准性问题，必须首先将其置于特定区域之中，才能构建出体现区域特质的诊断框架。然而，在解决如何将产业扶贫置于特定的区域内、由区域属性出发明确产业扶贫的精准性方面，已有的研究成果未能提出适宜性的理论基础、分析框架和诊断模型。为了弥补已有研究的不足，本书将在后续章节中从区域属性的经济学阐释入手，通过逐步引入相关概念，探讨区域发展的根本性目标；结合多种相关理论，提出度量区域发展目标的诊断方法；结合产业属性，将区域发展诊断法应用于产业扶贫精准性诊断；利用模型分析和案例分析，验证诊断框架的合理性与可行性。最终为谋求实现民族地区区域能力发展与人的全面发展的统一，区域属性与产业扶贫精准性诊断的统一，产业扶贫精准性诊断理论框架与实际应用分析的统一，区域功能定位与区域资源有序开发的统一，产业扶贫主体能力与客体能力协同发展的统一等问题的解决，提供行之有效的理论框架与实践路径。

---

① 丹尼·罗德里克：《全球化的悖论》，中国人民大学出版社 2011 年版。

第三章　基础理论

本书的研究内容属于交叉性学科领域，从构建理论模型的需要出发，主要涉及：贫困理论、可行能力理论、增长诊断理论和区域发展能力理论等基础理论。以下就上述理论中与研究有关的部分内容逐一进行综述，为后续研究奠定理论基础。

第一节　贫困理论

贫困作为一种内涵极为复杂的综合性社会问题，是经济、社会和文化落后状况的总称，难以从根本上消除的社会现象。在以人类学、社会学、政治学和经济学等学科共同构成的研究范式中，贫困理论集中体现了社会发展以及社会结构变迁的进程，贫困问题及其研究成果也由于时间、空间和文化的不同，呈现出多元化的风貌。归纳贫困理论的相关研究成果，大体可以分为三个方面：贫困的定义及度量、贫困的成因与演化以及贫困的治理等。

一　贫困的定义及度量

对于贫困问题的认识，经历了一个由经济领域到政治、社会领域，由贫困现象到贫困本质，由一般性描述到复杂性分析的进程。

马克思主义的贫困理论从贫困的阶段性和制度性入手，深刻揭示了资本主义制度下无产阶级贫困的本质和根源。马克思的贫困研究立足于资本主义生产的本质就是攫取剩余价值的论断。剩余价值规律是资本主义生产的核心，其根源在于资本主义雇佣劳动制度下无产阶级丧失了所有的生产资料,除了劳动力一无所有,为了生存只能出卖劳动力。①

西方经济学对于贫困的早期研究首先处于福利经济学研究范式下,此时的效用成为人类行为成就的单一评价标准。对于贫困的认识主要集中于收入特征,将贫困定义为物质资料和收入的匮乏。这一时期对贫困的研究方法也被称为"福利主义"方法。然而,随着西方国家对"福利主义"范式在社会管理领域的大力推行,高福利性国家政策不但并未解决这些国家的贫困问题,却反而带来了巨大的负面影响。到20世纪90年代中期,西方发达国家,如美国、英国接受政府求助的贫困人口占总人口数量的比重分别高达10%和16%。由此引发了沉重的国家债务、贫富的两极分化、非经济性的其他社会问题等多种问题纠缠在一起的局面。

鉴于将贫困单纯定义为"物质匮乏、收入低下"而导致的高福利政策的弊端,贫困研究者开始从更为宽泛的视角来重新审视贫困。例如,在西方国家,20世纪70年代法国政府在制定政策时开始考虑"社会排斥"问题。80年代初,北欧学者也提出,广义上对于贫困的认识,不仅应当包括在物质方面的匮乏,还应当包括工作状态、获得闲暇的能力、社会关系的基本情况、享有的政治权利,以及在各级组织的参与度等各种非物质性因素。

关于贫困的研究还将贫困进一步划分为"绝对贫困"(absolute deprivation)与"相对贫困"(relative deprivation)。阿玛蒂亚·森认为,"在我们的贫困概念中存在一个不可缩减的绝对贫困的内核(core of absolute deprivation)。也就是对于贫困的判断需要抽象,即把饥饿、营养不良以及其他可以看得见的贫困现象统统转换"。而"在相对贫困这一术语的一致性中,似乎存在不同的看法"。"在客观意义上可以用'相对贫困'来描述一部分人所处的状态,即与另一部分人比较而言,这些人只能获得较少的保障和欲望的满足,例如表示为收入、医疗、教育、就业机会等方面。"但是"相对贫困观——甚至包括它的所有变形——并不能真正成为度量贫困的有效手段"。"因此,利用相对贫困的贫困度量方法只能是作为对绝对贫困分析方法的有益补充,而不是成

---

① 马克思:《资本论》,上海三联书店2009年版。

为简单的替代。"①

贫困问题的另一项重要研究内容就是对于贫困程度的判定。近年来国外学者的相关研究表明，应该存在一组基础性的公理条件。在此之下，如果一组贫困度量指数服从于上述公理，那么很有可能提出具备普适性的贫困度量方法。具体而言，对"贫困程度"可以有两种理解：一是标准化的贫困人口规模。二是非标准化的指标体系判别。前者作为"中心"概念，后者作为"辅助"概念。② 在确定贫困变动指数选择中，主要存在三种观点：第一种观点认为，只要使贫困人口受益的增长，即为亲贫式增长。③ 第二种观点认为，只有贫困人口的收入增长快于非贫困人口的收入增长，从而使两者的收入差距不断缩小，才能构成亲贫式增长。④ 这种观点将贫困人口与非贫困人口收入进行分组比较。第三种观点认为，存在"经济增长—收入分配—贫困"的传导关系，其间的关系与多种条件有关。在实际统计中可以用多维贫困来体现此种观点。⑤ 多维贫困（multidimensional poverty）理论的主要贡献者阿玛蒂亚·森也提出两种著名的度量思想，即 S 指数（包括"正式"S 指数和"改进"S 指数）和可行能力理论。⑥

二 贫困的成因与演化

关于贫困的成因，主要有贫困的自然说、贫困的经济说与贫困的社会说三种观点。贫困的自然说将贫困的成因归结为人口或自然条件方面的因素。最具代表性的观点是英国学者马尔萨斯的"人口论"，他认为，贫困是人口法则下绝对必然的结果。贫困的经济说将贫困归结为某

---

① 阿玛蒂亚·森：《贫困与饥荒》，商务印书馆 2014 年版。
② Subramanian, S., "Counting the Poor: An Elementary Difficulty in the Measurement of Poverty", *Economics and Philosophy*, Volume null, Issue 2, October, 2002: 277 – 285.
③ Ravallion, M., "Growth, Inequality and Poverty: Looking beyond Averages", *World Development*, 2001, 29 (11): 1803 – 1815.
④ Kakwani, N. and Son, H., *Pro – Poor Growth: The Asian Exprerience*, UNU – WIDER Research Paper, 2006.
⑤ Bourguignon, F., *The Poverty – Growth – Inequality Triangle*, New Delhi: Indian Council for Research on International Economic Relations, 2004.
⑥ 阿玛蒂亚·森：《以自由看待发展》，中国人民大学出版社 2013 年版。

种收入分配机制的产物。如 Narkse 提出的贫困恶性循环理论[①]，Nelson 提出的低水平均衡陷阱理论，Chayanav 提出的家庭生命周期理论，Leibenstein 提出的临界最小动力理论与依附理论等均从不同的角度论述了贫困的经济成因。贫困的社会说认为，贫困的根源在于社会分层，所以贫困本身就是一种不平等，应该从社会结构或社会制度的不合理方面来寻找贫困的解决方案。包括社会分工、社会权力的不合理分配、教育的非均等以及文化的分裂等多种角度的研究。[②]

贫困的演化则主要关注于由经济增长引起的贫困变动效应。20 世纪五六十年代的经济学家普遍认为一个社会的贫困程度与经济增长水平密切相关，贫困最终会被经济增长所消灭。由于经济增长主要依赖于资本积累和经济结构转变，所以这一时期的代表理论主要有平衡增长理论、经济成长理论、刘易斯提出的二元经济理论、舒尔茨提出的人力资本理论、库兹涅茨提出的倒"U"形理论以及夏禹龙等提出的梯度理论等。然而从 20 世纪 70 年代以后，经济高速增长却始终伴随着贫困人口数量的居高不下，使学者开始重新审视经济增长的贫困变动效应。由此，新的反贫困政策开始关注于促进社会公正与贫困人口的基本需求，例如，"基本需求战略"主张摆脱贫困不等于强迫致富，不应有太多的、不恰当的结构变化和技术变化以及资本支出，应当实现"伴随着分配的增长"，而不是等待"增长后再慢慢渗透"。阿玛蒂亚·森的理论也认为，发展即是贫困人口有能力追求更多的美好事物，必须消除所有对于贫困人口正常发挥可行能力的限制，最终使其有能力选择和有机会选择，作为社会制度应当为贫困人口提供更多的实现自由选择的工具。反梯度理论则认为，并不存在三大地带的梯度关系，西部投资效益差是在不合理的、扭曲的价格体系和产业结构下形成的畸形结果，应该设法帮助贫困地区实现高于富裕地区的增长速度，从而缩小贫富差距。[③]

三 贫困的治理

在各国反贫困的实践中，虽然反贫困的具体路径存在差异，但是基

[①] 讷克斯：《不发达国家的资本形成问题》，商务印书馆 1966 年版。
[②] 张明龙、池泽新：《贫困研究概况与述评》，《经济研究导刊》2015 年第 8 期。
[③] 郭熙保：《发展经济学经典论著选》，中国经济出版社 1998 年版。

本形成了较为一致的反贫困意识过程。从 19 世纪末到 20 世纪 60 年代，在西方发达国家认识到市场机制存在的缺陷必然形成资源分配上不利于贫困人口，所以这一时期贫困的治理主要关注于政府对弱势群体的基本保障，即福利国家社会制度。自 20 世纪 70 年代以后，由于"滞胀"问题的出现，高福利政策失去了经济持续增长的支撑，使高福利国家在反贫困中陷入困境。由此，学术界开始试图从反贫困的单纯资源视角逐渐向各种社会机制并用转变。其中，发达国家的反贫困政策从偏重于经济学转向社会学，从经济关系如何影响社会关系的研究转向社会关系如何影响经济关系的研究。反贫困的重点从收入再分配走向经济生产的分配领域。将减少贫困作为一个综合性制度安排，从社会、经济、政治层面，强调贫困人口本身受益的制度的内在价值，并由政府的一方主导逐渐转变为由政府、市场、社会、贫困人口多方协作的协同治理理论。

与发达国家从强调市场变为强调政府分配，再回到市场，最后走向生产关系，通过提升贫困人口经济能力和社会地位与权利紧密结合的反贫困政策不同，发展中国家的反贫困政策仍然依靠总体的经济增长缓解贫困，其行动框架也体现为救济式扶贫、政府干预式的开发扶贫或信贷扶贫与区域开发相结合为主导，辅之以经济政策。随着联合国和国际发展组织的扶贫计划在发展中国家的大力推行，"参与式"扶贫理论与模式也逐渐成为发展中国家重要的反贫困政策取向。诺贝尔奖得主缪尔达尔针对发展中国家贫困提出的"积累因果关系理论"，认为不发达国家普遍存在的社会不平等阻碍了经济发展，加深了他们的贫困，结果后者又在"回波效应"的作用下使不平等更加恶化。为此，他设计了不发达国家进行社会改革的一揽子计划，以削减社会不公和缓解贫困。① 阿玛蒂亚·森更是在不发达国家治理贫困问题方面做出了卓著的贡献。

第二节 可行能力理论

在西方国家，自 20 世纪 70 年代以来，阿玛蒂亚·森的研究始终处

---

① 冈纳·缪尔达尔：《亚洲的戏剧》，商务印书馆 2015 年版。

于发展经济理论相关研究的前沿。① 1998 年阿玛蒂亚·森获得诺贝尔经济学奖之后,阿玛蒂亚·森的相关思想日益引起人们的重视。对于阿玛蒂亚·森关注的终极目标——"发展"这一关键词来说,无论是涉及经济伦理,还是有关于贫困、机会、平等等问题,可行能力理论可谓贯穿其中。阿玛蒂亚·森认为,发展即为使人们享受更为广泛的自由的一个实现过程,它不同于传统意义上狭隘的发展观。前者广泛关注于人类的根本性和彻底的自由,而传统意义上的狭隘发展观仅关注于 GDP、个人收入、技术进步、工业化、城市化、现代化等。② 阿玛蒂亚·森理解的发展观不单纯适用于贫困人口,而是可用于判定全社会所有人的真实状况的价值评判标准。狭隘发展观的目标,固然也是社会经济发展和人们追求的目标,但它们本质上只是实现终极目标的工具,只是为人的发展与福利改善提供条件和帮助。所以,以人为中心,能够衡量人的价值的最高标准就只能是"自由"。这种自由即为人们有理由珍视地过上美好生活的可行能力。

一 阿玛蒂亚·森对功利主义的批判

阿玛蒂亚·森认为,功利主义原则既是一套道德哲学体系,也是主流经济学中的重要哲学基础。以功利主义评价社会状态的基本术语就是"效用"。效用概念的提出为经济学提供了一种简便的价值衡量和评价方法。功利主义要比所谓的"福利主义"更进一步,不仅提供了一种回答"社会应该怎么样"的解决方案,也是一种公共行动的评判依据。必须假设一个公共行动者,即一个能够将社会作为一个整体、选择国家事务的超级个体。在公共背景下,在私人背景下存在的问题也会再一次被提出,如此巨大的行动者,是否必须使用一种行动判据?这个问题事实上在公共情况下得到的回答,比私人情况下的回答更接近一般性理论。因为"公共理性"这个概念,已经应用于复杂的、现代的开放社会,很可能需要更一般化的和可说明的规则,而个人更改本身要求没那

---

① Alkire, S., Freedoms, V., *Sen's Capability Approach and Poverty Reducation*, Oxford: Oxford University Press, 2002.

② 阿玛蒂亚·森:《资源、价值与发展》,吉林人民出版社 2010 年版。

么高（功利主义中涉及的"理性"概念，特别支持它们对普遍化理论的需要。事实上，它并非纯粹抽象的要求，而是作为公共正当性的一种表达形式，从而适当地达成其种社会秩序）。

阿玛蒂亚·森认为，功利主义的效用具有几个方面明显的缺陷，故而无法为评价提供牢固而可靠的基础：

第一，信息基础极为薄弱。一般来说，信息基础具有决定性的意义。然而功利主义以效用总量为信息基础，包括"结果主义""福利主义"和"总量排序"三个部分。功利主义评价方式在评价信息选择上将福利看成效用，忽略了权利、自由以及其他非效用因素，忽略了幸福分配中的不平等。

第二，对人类行为产生误解。功利主义以"经济人"假设为基础，建立了一个市场均衡体系，但是人们的经济行为是否完全以追逐私利为目的以及人们是否具有逐利的完全能力很值得怀疑。阿玛蒂亚·森反对从纯粹的自利角度来把握理性，人类并非永远以一种自我为中心的方式行事，而是具有多元化的取向，这种行为中通常包括了社会价值取向与价值成分，而这些价值在伦理层面上也远超个人的自我范围，从而为整个社会的繁荣与进步注入了强劲动力。

第三，忽略了个体间比较与价值判断。阿玛蒂亚·森认为，功利主义中的最小自由与帕累托原则之间存在不可避免的冲突。对于涉及人类道德、情感、正义等因素的衡量，都不能简单归结于效用尺度，而必须由非效用的其他因素进行补充性研究。另外，效用信息还存在数据的可得性问题。相比之下，一些非效用信息就比较容易观察到。通过更为广泛的信息来源，就有可能获得对社会和经济评价的一致性判断标准，并用于贫穷的度量与不平等的权衡。

第四，目标与手段的混淆。阿玛蒂亚·森认为，功利主义忽视人的主观能动性，人的主体方面完全变成了出于自身福利的考虑，即把福利方面的因素作为进行评判的唯一基础，这等于将手段与终极目标进行了混淆。按照阿玛蒂亚·森的观点，增长、财富、收入、技术进步等固定可以作为人们在一定时期内追寻的目标，但是它们只属于一种实现终极目标的工具范畴，如果不能把表面的经济繁荣最终转化为更美好的生活条件，这种经济繁荣就没有任何现实意义，或者是无目的性的。所以，发展的终极目标在于人们的活动领域在不断拓展，这就需要消除所有限制人们能力得以正常发挥的根源性障碍，从而推展每个人的选择空间和机会。这需要为实现个人的积极自由而不断努力，使其持续获得过上美好生活的能力价值。①

二 自由

在阿玛蒂亚·森提出的理论中，"自由"本身应当具有建构性用途，这种建构性可以被表述为：由人们的价值标准与发展目标中的固有部分所组成的，实现其自身价值的，不依赖于其他事物价值的自有价值表现，也不用依靠增加其他事物的价值而寻求自我的价值显现。同时，自由也发挥手段性作用。政治自由、经济条件、社会机会、透明性担保以及防护性保障，构成了促进发展的五种最重要的工具性自由。对于这种以可行能力为基础的自由观的阐释，是在经济学研究领域的规范性研究、实证分析研究以及哲理性思维方式的一种集中体现。关于自由，实质上在于两个命题，即自由是发展的首要目标，同时自由也是促进发展的不可或缺的主要手段。阿玛蒂亚·森通过功利主义、自由至上主义和公平主义（罗尔斯）的比较，阐释了应当以"实质自由作为综合价值标准"的观点。

三 功能性活动

阿玛蒂亚·森认为，人是具有能动性的主体，所以应该关注其从事美好生活的能力。这种个人生活的实质性内容就是功能性活动，即个人理解的有意愿或者能够达到的美好生活的状态。从而在最终意义上，功能性活动并不意味着获取的物质性财富的多少，而在于对美好生活的向往和珍视。

如图3-1所示，功能性活动受到个人之间的差异、个人所处的环境（包括自然环境、社会环境）的影响。而商品或服务并不是使个人实现更多有价值的功能及其摆脱贫困的唯一途径，应该从能动性方面看待个人重视的任何合理目标。功能性活动使人们能够重新考虑其本身所

---

① 阿玛蒂亚·森、伯纳德·威廉姆斯：《超越功利主义》，复旦大学出版社2011年版。

处的社会经济环境的状况，是否能够为消除一切阻碍可行能力发挥的根源性问题。功能性活动的目标，也正在于提醒我们如果要对个人和社会进行客观的评价，需要纳入更为复杂的信息要素，而不能仅仅局限于商品或者福利。

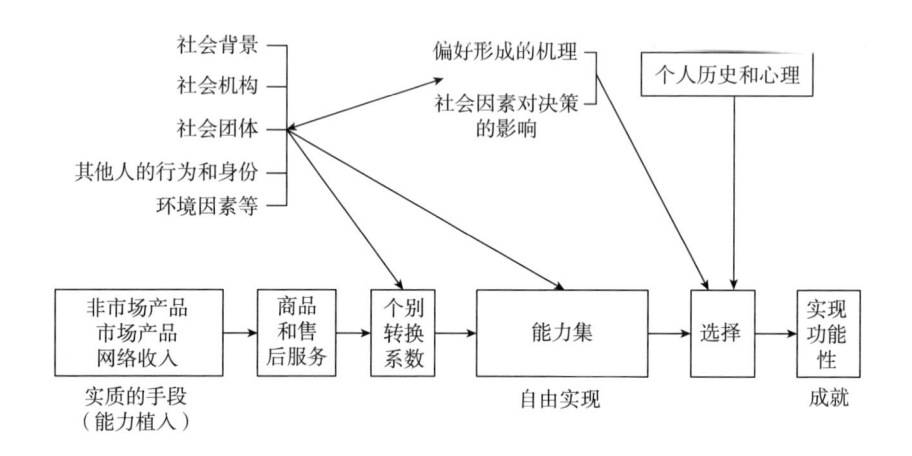

图 3-1 功能性活动的影响因素与可行能力形成关系

四 可行能力方法的描述

将"一个人的实际成就由一个功能性活动向量来表示"，从而得到列入清单的所有活动的各种组合，这就是一个人的"可行能力集"。功能性活动与可行能力之间的不同在于，前者是"实现"，后者是"有效可能"。可行能力表明一个人能做什么，其可行能力越大，表明自由也越大。所以，可行能力重点强调了人们主导自己生活的能力。可行能力在本质上是"自由的观念——一个人在决定过何种生活上的选择范围"，"表达了一个人实现福利的自由"。可以用式（3-1）对可行能力的思想进行描述：

$$Q_i = \langle b_i \mid b_i = f_i[c_i(x_i), z_i], \text{其中}, x_i \in X_i, z_i \in Z_i, f_i \in F_i \rangle$$

(3-1)

其中，Q_i 表示个人的可行能力，即在既定条件下，可以实现的所有功能组合；b_i 表示功能函数；x_i 表示个人 i 所拥有和支配的商品组合，属于个人预算集 X_i；$c_i(x_i)$ 表示把商品组合向量 x_i 转化为商品特征向量的函数关系；z_i 表示个人所处的环境向量，属于环境向量集 Z_i；f_i 表示个人 i 实现功能 b_i 可选择的途径之一，属于功能函数集 F_i。

式（3-1）表明个人能力受三个因素制约：个人对商品的支配权（X_i）、环境转换因素（Z_i）和个人将商品转化为功能的备选途径 F_i。

五 可行能力方法的优势

与其他贫困的度量方法比较而言，可行能力方法通过对一系列关键变量给予关注，所以适用范围更加广泛，其度量效果的敏感度也更高。其优势可以概括为两点：

其一，更大的信息基础。即将度量标准关注于实现实质性自由的功能性活动，并在对诸多关键要素的考量中，既综合考虑（不将一种或几种可能的价值要素事先排除在外）又区别对待（给予特别要素以特殊关注）。所以，可行能力方法中的评价信息首先是多维的，同时具有一个以上的价值实现目标，此外，其由个人和文化差异所决定的个人珍视的目标的度量也因此而有所侧重。

其二，不苛求一个完备排序，而允许评价中存在具有部分合理性的多元化价值排序。阿玛蒂亚·森将自由和民主作为公共选择的两个基础，个人因为拥有自由，所以可以表述自己的价值偏好。社会通过民主的方式，将个人的价值偏好转化成为整个社会的价值取向和公共决策的领域，从而可能形成多元化价值排序。多元化价值排序把决策问题看成不是"挑选最好的原则"，而是协调各种原则的运用。由此，决策的必要性本身并不能解决这种冲突，只是意味着决策很大程度上不得不出于部分合理性而做出。正是在这种多元化思路下，贫困问题的研究从基本层面突破了"机械指数"的决策价值标准，开辟了一个新的空间。

第三节 增长诊断理论

根据豪斯曼、罗德里克和 Velasco 等提出的增长诊断理论，该方法针对欠发达国家和地区的经济增长问题，旨在用系统性方法找出经济增长的"硬约束"条件，将硬约束作为制定增长政策的标靶进行改革，从而推动经济发展。

罗德里克通过对各国发展政策的比较研究发现，每种发展政策理论都不是万能的，发展政策的有效性依赖于具体环境。在某些地方获得成功的发展政策，在其他的一些地区的政策效果可能并不显著，有时甚至会带来负面影响。所以，在研究发展政策的制定上，需要一个系统分析框架，既遵循经济学的基本原理，又可以结合实际环境，并且具有实际可操作性。在构建过程中需要明确几个问题：①

首先，必须明确发展的意义。例如，政策制定所关注的核心问题是提高经济增长率，更高的标准则是改善社会和人类的发展指标。在社会效用、社会福利分析框架下分析经济增长，促进改革，改革中所推行的政策同样可以看作增长战略中的重要组成部分，因此所研究的发展问题则转化为经济增长问题。

其次，兼顾政策制定的一般性与定制性。由于每个国家和地区地理、政治、历史等差异形成了自己固有的特征，并且各国、各地区所面临的机遇与挑战也各不相同，面临的约束条件也大相径庭，因此理论上有效的政策并非万能。所以在政策制定中，一方面要遵循一般性的政策制定方法，另一方面应当结合各国、各地区的具体情况，帮助其进行政策选择。

最后，判断政策的多寡与政策次序。罗德里克认为，政策的有效性包括政策本身的正确性、政策的选择次序和政策数据的多寡。可以用经济理论确定政策的正确性，用次优理论证明政策的多寡与政策效果之间的联系，最后根据改革地区的各方面要素禀赋条件、改革者的政治资源等情况进行选择。可以利用决策树法来进行优先次序的分析。

一　增长诊断法的理论依据

增长诊断法是在福利经济学框架下，运用次优理论、局部改革理论以及内生增长理论的基础上建立起来的。增长诊断法始于福利经济学下的资源配置扭曲模型。当经济条件不能满足帕累托均衡时，经济中的扭

---

① 丹尼·罗德里克：《一种经济学，多种药方：全球化、制度建设和经济增长》，中信出版社 2016 年版。

曲将不可避免，此时转向次优理论寻求解决方法。次优理论是指在一般均衡体系中，不能全部满足的帕累托最优条件的情况下，帕累托最优就会遭到破坏，即使帕累托最优条件都得到满足，此时的瓦尔拉斯均衡也利于非均衡排序且离最优均衡的最近位置。也就是说，按照次优理论，在一个非完全竞争的市场条件下，当不能满足全部的帕累托最优所有条件时，可以寻求次优均衡。

罗德里克建立了一个如式（3-2）的资源配置扭曲模型说明上述关系：

$$\mu_i^s(\tau,\cdots) - \mu_i^p(\tau,\cdots) - \tau_i = 0 \tag{3-2}$$

式（3-2）中，τ_i 表示活动 i 中的扭曲；$\mu_i^s(\tau,\cdots)$ 和 $\mu_i^p(\tau,\cdots)$ 分别表示活动 i 的社会和私人边际价值，取决于消费水平、劳动供给水平、资本存量、要素结构等因素。

由于在一般均衡框架下，每个活动的私人和社会评价函数依赖于系统中的交互影响，因此无法判断少于帕累托所有条件的均衡解。从而需要从次优问题中寻求解决办法：

设 $u(\tau)$ 是社会平均福利函数，将式（3-2）作为约束条件，建立拉格朗日条件函数：

$$L = u(\tau) + \lambda_i [\mu_i^s(\tau,\cdots) - \mu_i^p(\tau,\cdots) - \tau_i] \tag{3-3}$$

式（3-3）两边分别对 τ_i 取一阶导数，得到：

$$\frac{du}{d\tau_j} = \lambda_j + \sum_j \lambda_i \frac{\partial[\mu_i^s(\tau,\cdots) - \mu_i^p(\tau,\cdots)]}{\partial \tau_j} \tag{3-4}$$

式（3-4）中，$\lambda_i \geq 0$，$i = \{1, 2, \cdots, k\}$，是与扭曲相关联的约束条件对应的拉格朗日乘数。

式（3-4）中，第一项 λ_j 为扭曲时的直接成本，当扭曲为 0 时，代价最小。第二项 λ_j 为各种扭曲交互作用下的效应变化，当满足 $i \neq j$，且 $\lambda_i = 0$ 时，只存在直接成本。此外，各种扭曲间的交互作用所产生的符号并不确定，所以需要通过整体效用加总的结果进行判定，从而产生修改扭曲的改革模式选择。

二 增长诊断法的改革模式

罗德里克认为，针对上述的扭曲，在经济改革中可以有几种改革模式:全面改革、尽可能多的改革和次优改革。

全面改革。这是在同一时期人消除所有扭曲带来的负面作用的改革。在全面改革中,所有的扭曲带来的分歧同时被解决,福利水平和经济增长都可以达到完成市场上的最高程度。但这种改革模式是绝对化的,是一种理想化状态。首先要求社会的知识是完全的,决策者须具备发现所有扭曲的能力。其次,保证政治约束可以解决,即决策者具有解决所有分歧的能力。

尽可能多的改革。这种改革模式是倾尽全力的改革模式。由于受到社会知识和政治约束的限制,改革者寻求倾尽全力的模式彰显其改革决心,不放过任何一个被识别的扭曲,针对其进行改革。但是这种改革思想过于理想化:一方面,这种改革思路违背了次优理论,忽略了扭曲模型中扭曲间的交互影响。另一方面,忽略了社会知识的不完全性和政治约束性可能会造成更大的扭曲。

次优改革。比较而言,增长诊断法应当使用次优改革模式。原因在于全面改革的条件因过于苛刻而无法满足,尽可能多的改革模式又与经济理论相悖,只有次优改革模式是以改革在理论上的正确性为基础,且兼顾实现性的理性改革模式。

次优改革模式依据局部改革理论。要实现次优状态依赖于改革者对经济知识的充分掌握和改革者解决约束条件的能力。次优改革模式本身的原理并不复杂,但是需要在操作过程中首先找到限制经济增长的约束条件,即"硬约束"。

三 识别硬约束

按照罗德里克提出的标准模型式 (3-5),当实现平衡增长时,影响经济增长的相关因素主要包括资本回报率 (r)、资本税率 (τ)、世界利率 (ρ) 和跨期消费的替代性 (σ)。

$$\frac{\dot{c}_t}{c_t} = \frac{\dot{k}_t}{k_t} = \sigma [r(1-r) - \rho] \qquad (3-5)$$

式 (3-5) 中,私人的资本回报率可以进一步表述为:

$$r = r(\alpha, \theta, x) \qquad (3-6)$$

式 (3-6) 中,α 表示全要素生产率;θ 表示外部性指数;x 表示互补性生产要素的可获得性。

式（3-5）、式（3-6）变量总结了能影响经济增长绩效的可能因素。增长诊断仅由两个部分组成：评价和分析上述因素，以研究哪些是经济增长最重要的"硬约束"。可以利用一个决策树来描述这一分析的逻辑过程（见图 3-2）。

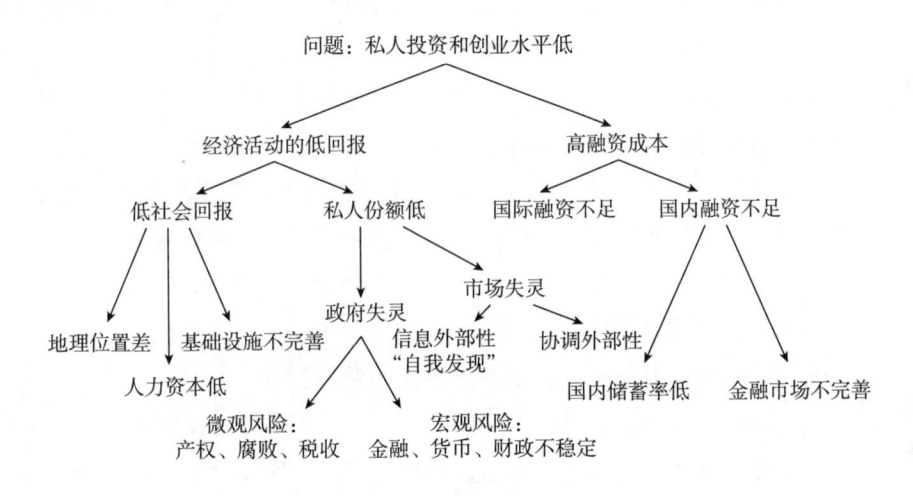

图 3-2 增长诊断决策树

资料来源：丹尼·罗德里克：《一种经济学，多种药方：全球化、制度建设和经济增长》，中信出版社 2016 年版，第 52 页。

第四节 区域发展能力理论

区域发展能力理论是科学发展观在区域发展层面的集中体现，是对中国区域发展实践经验的总结、提炼，是已有能力理论的整合、创新，是用新的区域发展概念、新的区域发展目标和新的区域发展方式，重新审视西部大开发中出现的新问题，总结中国区域经济发展的基本经验，重新定位"区域"在实现人与自然、社会和谐发展中的价值，对于建立区域之间的优势协作、主体功能定位有序化、国土资源的合理利用、人与自然全面发展的区域协同发展格局具有重要的指导意义。同时，也是在中国区域发展大量的实践探索的基础上，对区域经济研究领域的丰富与探索。区域发展能力理论也正是基于中国区域发展过程中的理念、目标、战略转变的现实条件，结合中国区域发展中的协调、统筹和区域发展要求和西部大开发向纵深推进的区域发展理论创新需要，把要素理论、功能理论、能力理论等整合起来，并在此基础上重新构建的一个从区域功能分工到区域自我发展能力建设的新理论体系。[①]

区域发展能力理论认为，传统经济学理论都是在"均质化"的空间上讨论"同质化"经济主体的空间选择问题，此类理论仅能满足流动性要素聚焦下的要求。然而，随着发展在空间上的深化，空间资源中功能性因素在稀缺性定理的作用下，导致的要素不可流动性，导致了特定空间功能的永续性问题，成为决定区域发展与人的全面发展的关键。所以需要提出新的研究范式来弥补传统经济学理论在上述问题研究中的缺陷，从而实现从"要素论"到"功能论"再到"能力论"的转化。

一 空间价值二元论：区域发展的空间演进特征

区域发展能力理论认为，当把空间当作一种稀缺性较强的资源之后，从发展在空间上的演化进程看，可以抽象出三个层次：由生态承载力体现出的空间资源的初始状态，由"极化"抽象出的空间结构的演化趋势，新发展背景下由"拥挤"和"退化"带来的最根本的空间制约条件。空间异质性，是理解空间关系，把握空间结构的出发点，可以从量（空间结构中的比例关系）、质（空间中具体单元的不可替代性）两个方面来理解。由于受囿于空间单元，其功能也就具有了不流动的现实性，也就具有了不可替代性，需要重新定位空间在发展中的价值——空间价值二元论，"是发展在空间上，内生的、以人与自然的和谐发展为理念的空间价值"。由此，基于特定空间单元中的人的活动，发展的空间由"极化"形成两种形式，即"发展"的空间与"不发展"的空间。空间功能的极化以空间结构的功能互补为基础，为均衡公平与效率的价值判断标准创造了条件。将空间功能互补性的实质内容纳入分析框架中，需要关注不可流动要素，并坚持空间功能的不可替代性。空间功

[①] 姜安印、董积生、胡淑晶：《区域发展能力理论——新一轮西部大开发理论创新与模式选择》，中国社会科学出版社 2014 年版。

能上可分割为"发展"与"不发展"。发展的负效应体现为"拥挤"与"退化"。空间的宏观均衡，即是在空间限制下对空间整体效益最大化的寻求，最终实现人与环境的和谐发展。

二 区位租概念及区域发展机理分析

区域发展能力理论认为，空间具有多种物质，从而带来了经济学分析中的困难。当引入"区位租"概念之后，可以体现空间价值与区域利益的结合。区位租，即当区域的整体利益处于一种相对稳定状态时，在理论上讲，应当存在一个最大租值。同时，这个最大化租值的存在是以空间的功能分割为前提的。基于区位租概念，区域发展的机理可以概括为两个命题：空间结构优化就是空间总价值恒等于区域单元利益总和，区域发展水平由区位租增值——耗散机身共同决定。两者都是由发展对空间的需求引致的。

三 区域发展能力分析框架

鉴于能力本身可以从存量与流量两个方面理解，所以如果分析给出定义：从静态定义，特定区域的发展能力是指自然与社会生产能力的集合。从动态定义，特定区域的发展能力是在一定的区域功能构成条件下，由异质性区域单元为实现人的全面发展所提供的基本要素的功能性构成。在区域发展与人的全面发展构成的二维坐标中，区域发展与人的全面发展实现了等价转换，从而明确了区域发展的问题，表面上看是区域利益协调问题，根本的问题是人的发展能力匹配问题。可以从功能、权力、资源、知识四个变量维度建立函数。其中，功能是既定的，并随着发展而演进。权力受到历史传承和制度安排的双重影响。资源既包含丰裕程度，又体现要素禀赋结构。知识与能力的关系是通过行动的效率联系起来的。

在对区域发展能力一般性理解的基础上，可以把区域发展能力的生成条件看成特定区域内自然资本、物质资本、社会资本、人力资本、知识资本的功能性结构。五类资本，在整体上在于其构成了人们从事功能性活动的基本条件。所以，对人的行为选择而言，它们既是基础，又是约束，从而在整体上决定了特定空间范围内人的能力。所以，培育区域发展能力的途径，在于弥补两种"能力缺口"，即在特定区域单元功能定位条件下，与其相适应的匹配型能力缺口，以及与一定区域发展水平相适应的水平型能力缺口。尤其在欠发达地区，还往往存在两种缺口叠加的现象。

第五节　理论评价

上述基础理论对本书的研究可以从以下方面带来借鉴（见图 3-3）：

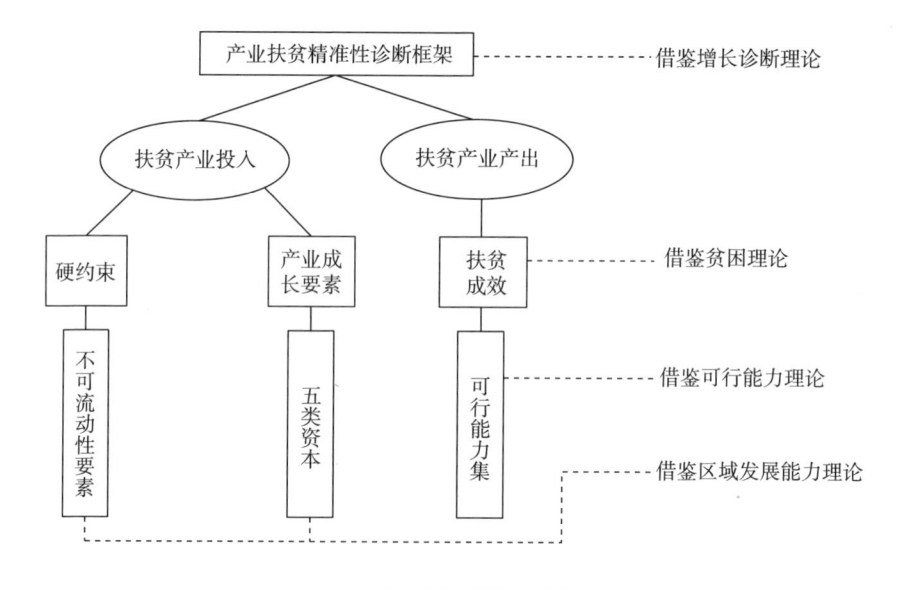

```
产业扶贫精准性诊断框架 ┄┄┄ 借鉴增长诊断理论
    ├── 扶贫产业投入
    │     ├── 硬约束
    │     │     └── 不可流动性要素
    │     └── 产业成长要素
    │           └── 五类资本
    └── 扶贫产业产出
          └── 扶贫成效 ┄┄┄ 借鉴贫困理论
                └── 可行能力集 ┄┄┄ 借鉴可行能力理论
                                ┄┄┄ 借鉴区域发展能力理论
```

图 3-3　基础理论的借鉴

第一，产业扶贫精准性诊断框架对增长诊断理论的借鉴。借鉴增长诊断理论的分析思路与方法，可以将产业扶贫的精准性进行投入—产出分析。其中，投入要素，主要是制约产业发展的硬约束条件和产业成长要素集合；产出要素，主要是扶贫成效。增长诊断理论可以为产业扶贫精准化诊断提供一个基本依据或方向。而采用完全的计量经济模型容易忽视区域的特殊性和经验的价值。增长理论提出的采用决策树法是一种识别硬约束条件的有效方法。

第二，制约产业发展的硬约束条件和产业成长要素集合主要借鉴了区域发展能力理论的研究成果。随着人类活动对自然资源的压力日益增加，包括产业扶贫行动也必须要将区域生态、资源的约束条件作为不可逾越的界限，这就需要重新提出对区域属性再认识，制约产业发展的硬约束条件体现为对不可流动性要素的充分重视，产业成长要素集合被划分为影响产业成长的五类资本投入；两者共同体现了区域属性特质。

第三，扶贫成效的判断主要借鉴了贫困理论的相关研究成果。产业扶贫、精准扶贫作为特殊的开发式扶贫政策，需要依据贫困理论的一般性原则，从贫困理论中汲取养分。综合贫困理论的基本研究成果，本书认为产业扶贫的精准性诊断，需要因地、因时制宜，在本质上是由区域属性决定的，即"一方水土养一方人""一方水土决定一方产业"。

第四，对产业扶贫成效的具体判别指标体系借鉴了可行能力理论。区域的二重价值在于区域发展与人的全面发展产生的"共赢"，产业扶贫在于不可流动性要素与可流动性要素在区域产业化层面的有机整合。阿玛蒂亚·森的可行能力论为本书提供了一个思想，从扶贫的角度看，产业扶贫、精准扶贫只是手段，而真正的目的是实现人的全面发展。

综上所述，基础理论为本书后续开展的研究工作带来了诸多启示和借鉴。区域发展诊断法对于如何探求区域属性提供了理论路径，提出根据可流动性的要素划分为五类资本，可以作为产业扶贫的投入要素，通过扶贫的产业化提升区域发展的永续功能，进而改善贫困地区和人口的境遇；可行能力理论中提出的"可行能力集"必须被纳入诊断的框架中，作为产出因素，才能实现贫困人口的真正"自由"和发展。

第四章 区域属性的经济学阐释

产业扶贫精准性诊断,必须依据所在贫困地域的特质,本章首先从经济学角度阐释区域属性的基本内涵。论述的基本逻辑由区位开始,探讨稀缺性要素的服务价格——区位租,得出区位租的产生和变化是由要素供给与要素需求变化的共同作用的结果。前者需要引起对不可流动性要素的充分重视,后者说明区域功能是一个不断演进的过程。最终得出区域发展的二重目标,即区域功能的永续性与人的全面发展。

第一节 区位租

古典经济学的研究始终遵循着一个逻辑:资源是有限的,欲望是无限的,有限的资源与人的欲望之间始终存在矛盾,所以西方经济学是一门研究稀缺性资源如何进行合理配置的学问。在这个逻辑下,传统理论对于区域的研究首先是由区位开始的。这里所讲的区位并不单纯指区域所处的地缘位置,而是对区域要素稀缺性(供给相对固定时)的一种表述方式。其中,最经典的研究对象是土地的供给。当土地的供给曲线完全垂直时,它与土地的需求曲线相交,从而决定了一个土地服务价格——地租。地租完全取决于土地的需求,因为土地的供给不变。西方经济学将地租产生的原因归结于:由于土地的稀缺性,供给不能增加;技术进步使土地的边际生产力提高,或由于粮食价格的上涨,从而导致土地的服务价格上涨,产生了地租。[①]

[①] 高鸿业:《西方经济学(微观部分)》(第五版),中国人民大学出版社2011年版。

地租是当土地供给固定时的土地服务价格。但是从资源稀缺性看，满足固定不变条件的要素远不止于土地，如人的特殊才能等。这种与土地供给不变相类似，且存在区别的固定不变的资源的服务价格，叫作"租金"，所以地租仅是租金的一种特殊形式。

在一定区域范围内，除了土地等自然资源具有稀缺性，一些人文资源也同样可以产生稀缺性，如地方特有的文化古迹等。此外，区域内的要素还会同其他区域以及本身区域的内部要素发生交互关系，从而产生新的稀缺性问题，例如当地的旅游产业发展，可能引致原本不具有商业价值的土地产生稀缺性。所以区域内的要素稀缺性表达，可以借用"租金"的思想，得出一个新的概念——"区位租"。

一 引入区位租的意义

引入区位租的重要意义在于：第一，传统区位理论是在借鉴租金理论的基础上形成的，主要用于解决生产当中的区位选择问题，已经意识到了区域价值形成的整体性——单个区域的区位价值取决于同其他区域以及本身区域内部要素的交互关系。然而，传统区位理论仅将区位作为"被选择"的对象，虽然实现了区域功能性互补向要素替代性的转化，但只是将这种转化归结于主体的价值判断。而对于区域内在的，由自组织能力形成的区域价值客观性始终未被重视。从而导致传统的区位分析仅是区域价值作为"外部性"选择的结果，并没有提示区域价值的终极来源。

第二，与传统区位理论不同，区位租概念的提出试图把区位研究从"选择"的研究范式导向"功能定位"的研究范式，尤其要突出区域价值整体性与区位价值客观性的一面，并在这一概念基础上对发展中区域结构的演化作出一般性的解释。此时，当区域经济利益主体处于相对稳定状态时，理论上会存在一个租值最大化的现象。所以，区位租的思想体现了区域价值与区域利益的协同性。

第三，区位租从两种机制影响区域发展水平：一是增值机制，二是耗散机制。前者源于人的区域需求强度与区域要素稀缺性之间的差值拉大而导致的增值过程。后者源于当要素的价值无法转化为当期价格或者要素的产权无法得到很好界定时，即会发生租值耗散问题。区位租的思想既可以解释要素空间流动、聚焦和空间功能分割对空间价值的作用机理,又可以解释在公共领域空间功能分工与区域利益不一致时的冲突问题。

第四,引入区位租的思想能够说明不可流动性要素决定的区域属性对区域限制的决定意义。因为租金不同于利润,本身不能被创造出来,仅能来自不可流动性要素,所以它实际上是一种机会成本,是最高用途的价值与最低用途的价值之差,是要素的不可流动性与多种用途的复合体。

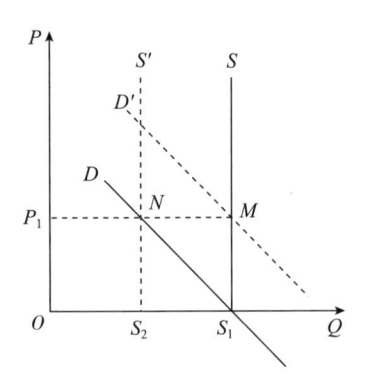

二 区位租的增减变化

区位租的增减变化如图 4-1 所示。设区域中某稀缺性要素的供给量一定,为 S_1,以 S 表示它的供给曲线,该曲线垂直于横轴。需求曲线为 D,向右下方倾斜。初始状况时,需求曲线与供给曲线相交于横轴,此时区位租为 O。

图 4-1 区位租的增减变化

第一种变化情况:由于某种原因引起需求增加,使需求曲线上升到 D' 位置,与 S 曲线相交于 M 点,此时 P_1 即为区位租。

第二种变化情况:由于某种原因引起区域内该要素的稀缺性进一步加剧,即该资源的供给曲线由 S 向左平移到 S'。需求曲线仍然为 D,与 S' 曲线相交于 N 点,此时区位租仍然为 P_1。

通过对区位租增减的分析可以发现两个现象:

第一,区域要素的稀缺性仅是产生区位租的必要条件而不是充分条件。因为在初始状态下,虽然同样存在区域要素的稀缺性,但是此时的区位租为零。

第二,区位租产生于区域稀缺性要素供给对需求的"硬约束"。这种硬约束又具体来自两个方面,一是对稀缺性要素需求的增加超出了要素的固定供给。二是由于稀缺性要素供给量的下降,已经无法满足原来的需求。

三 区位准租金与经济租金

在一定区域中,由于部分要素的供给并不是完全不能增加的,只是增加所需求的时间过长或代价过大,所以,从短时间来看,这部分要素也具有缺乏性。例如,当生态环境破坏之后,通过"封山育林"一类的措施仍然有希望将其恢复,只是经历的时间相对较长。此时,在短期内仍然可能出现与区位租类似的租金形式,可以称为"准租金"。区位准租金可以作为对于要素稀缺性进行补偿的"影子价格"。

区位经济租金与供给曲线转动如图4-2所示。设区域中要素的供给曲线为S,需求曲线为D,两者相关于M点,此时均衡价格为P_1。可以发现,此时只要交易价格高于S曲线上相应点的位置,都不会影响要素的供给。此时的阴影部分面积,在西方经济学中被称为"经济租金"。

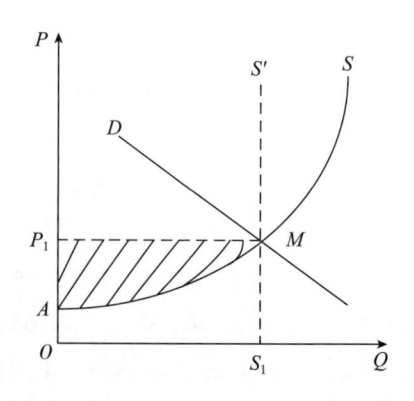

图4-2 区位经济租金与供给曲线转动

此时，由于某种原因引起了要素供给曲线的旋转，由 S 变动到 S'，此时经济租金也就完成与区位租一致。这种旋转变化有很多实例，例如原本被随便耕种的土地突然被发现是"富硒地"，再如长期处于较边缘地带的房屋刚好处于新规划的高速公路中等情况。

四 区位租与区域发展

通过上述对区位租的分析，可以得到三个结论：

第一，从区域发展的角度看，区域中要素的稀缺性具体表现为区域发展需求的要素是否可以在区域间自由进出，即要素是否具有流动性。此时区域要素供给的固定不变也就转化为区域要素的不可流动性。

第二，区域要素的不可流动性仅是产生区位租的必要条件而非充分条件。区位租的产生的充要条件是，区域不可流动性要素的需求大于不可流动性要素的供给。这种条件的出现源于两种可能性：一是随着区域的发展，对不可流动性要素需求（包括引致需求）增加了，在要素供给不能增加的情况下，产生了区位租。二是随着区域的发展，不可流动性要素减少了，在要素需求不变的情况下，产生了区位租。

第三，区域要素的不可流动性不是固定不变的。在区域发展过程中，由区域功能的演进可能导致可流动性要素转化为新的不可流动性要素。与此同时，不可流动性要素也同样可能向可流动性要素方向转化。

所以，由区位租与区域发展的关系，需要进一步引入"不可流动性要素"。

第二节 不可流动性要素

在传统区域发展理论中，把区域资源作为要素来处理，区域资源主要涉及土地、劳动、资本、技术。其中，土地是不可流动性要素，而后三者均是可流动性要素。对于土地的研究，长期以来都不是传统区域发展理论要解释的重点问题，只有劳动、资本、技术才是重点研究的要素，即传统的区域发展理论重在研究可流动性要素问题。那么，为什么传统区域发展理论会对不可流动性要素视而不见，而仅考察区域要素中的可流动性要素的流转与集聚过程？

本书认为，传统区域发展理论对不可流动性要素的长期忽视主要在于三方面的原因：一是在传统区域发展理论中长期处于主导地位的是"中心—外围"说，这一学说主要是试图解释要素如何在经济发展的区间差异影响下形成的往复流动的动力机制。二是传统区域发展理论需要弱化不可流动性要素带来的"硬约束"，以便有利于解释区域发展通过可流动性要素的不断聚焦而带来的"永续"发展前景（虽然这种发展前景在区域实际发展过程中是不可能出现的）。三是对于不可流动性要素本身缺乏有效的度量方法。

然而，随着区域功能的不断演进，单纯以追求数量增长的传统区域发展理论已不再适用于"丰裕社会"的价值判断[1]，而对于绿色增长的诉求已然成为新的经济问题的"研究兴趣"。显然，如果区域发展理论不能对不可流动性要素引起充分的重视[2]，那么也就不可能由本质上提出实现区域协调发展的有效途径。

一　传统区域发展理论对不可流动性要素的忽视

传统区域发展理论存在两种观点：一种观点是增长理论的"趋同假说"，该理论认为，由于资本（在广义上等同于生产要素）边际报酬递减规律的存在，当发达地区出现要素边际报酬递减时，资本就会由发达地区流向欠发达地区，结果是发达地区的增速减慢，而欠发达地区将获得后发优势，最终导致两类地区发展程度趋同。另一种观点是，如果考虑对区域间的资源差异，如生态、制度、文化、人力资源等要素时，这些要素影响了"流动性"假设成立，由此往往出现另一种结果，即发达地区和欠发达地区之间"发展趋异"的"马太效应"。两种观点的差异实际上已经涉及区域要素的流动性问题。

传统区域发展理论往往以严格假设或者转换命题的方式简化对要素流动性问题的研究：从古典经济学家论证"看不见的手"要求要素具有完全流动性的假定，到屠能在"农业区位"理论中利用租金成本的

---

[1] 加尔布雷斯：《丰裕社会》，上海人民出版社 1965 年版。
[2] 姜安印：《主体功能区：区域发展理论新境界和实践新格局》，《开发研究》2007 年第 2 期。

方式规避可流动性要素（劳动力）带来的空间差异问题，再到克鲁格曼的"中心—外围"理论中以流动性要素作为研究重点。①

传统区域发展理论对区域流动性的简化处理方式在一定时期（如生产力不发达、大范围的"普贫"阶段）的确可以解决某些发展问题，但是其不足之处体现在三方面：其一，不能处理区域的异质性属性；其二，不能处理行为主体的异质性属性；其三，缺乏真正意义上对不可流动性要素性质的考察。而当生产力的发展水平超出了区域资源承载力（并对生存其中的人产生不利影响）和"普适"的制度安排之后，传统区域发展理论的不足也就显现出来了。

传统区域发展理论缺乏对空间中客观存在的不可流动性要素的充分重视，并且忽视了由此带来的对区域功能不可替代性问题的讨论。在这些理论中，最简单的处理方式是对不可流动性要素避而不谈，仅考虑可流动性要素。这种简单处理原则所带来的后果是：忽略了区域功能由不可流动性要素决定的不可替代性现象，更没有能够在区域不可流动性要素不可逆（至少在短时期内）的条件下建立起沟通空间功能互补的桥梁。

传统区域发展理论对不可流动性要素的忽视，与新古典经济学在采用边际分析方法分析要素市场时，始终忽视要素（尤其体现为不可流动性要素）的不可分割性有很大的关联。② 再度审视新古典经济学的分析框架就可以发现——如果不能带来规模变化或者生产要素比例上的改变，那么边际产品从何而来？边际成本更是无从谈起。③ 所以，以边际替代率为视角，传统区域发展理论仅能用于对区域正效应条件下的区域功能互补性分析，且不能解释区域功能不可替代性的实质。

二 不可流动性要素分析

区域异质性是理解区域属性、把握区域功能的出发点。区域的异质性可以从量和质的两个方面来理解。量的方面体现为区域结构中要素数

---

① 克鲁格曼：《地理和贸易》，北京大学出版社2000年版。
② 琼·罗宾逊：《资本积累论》，商务印书馆1963年版。
③ 斯拉法：《用商品生产商品》，商务印书馆1991年版。

量与比例的关系，质的方面体现为区域结构中具体区域单元功能的不可替代性。只有综合区域异质性在量和质两个方面的理解，才能正确把握区域功能的演化机制。不可流动性要素表面上看是区域属性在量上的稀缺性反映，实质上体现了区域属性在质上的"硬约束"。

从要素的流动性角度，自然资源、土地、矿藏、区位等要素在常态下是不可流动的。影响发展的诸多要素必然处于一定的区域之中，这是具体的，这些要素要发挥作用必须与相应的地域空间的特殊性相切合。换言之，区域制约要素，要素依赖区域。区域空间既构成了要素发挥作用的约束条件，又为要素发挥作用提供了场所和条件，从而使区域能够从事一定的经济活动并具备了创造价值的能力。由此，要素也呈现出区域性特征。所以，可以把置于一定区域空间的要素（集合）称为区域（发展）要素（集合）。

区域要素禀赋具有数量上的差异性和质量上的层次性。对于不同区域的特有要素，如劳动、资本、技术等，都会存在较大的差异。这种差异表现为一定区域的某种要素禀赋在数量和质量上的相对优劣。特别是，不可流动性要素赋予了发展相关产业的天然独占性、排他性的优势。这种优势对区域产业发展和产业选择具有决定意义，可能由此最终形成区域特色产业。

三 不可流动性要素与区域发展

重视不可流动性要素分析，对于新时代区域发展具有极其重要的现实意义和正向作用。尤其对于欠发达地区，不可流动性要素一方面可能成为影响区域发展的独特优势，另一方面也可以构成影响区域发展的硬约束条件，这些即是不可流动性要素在区域发展中对区域属性的集中体现。

与此同时，区域发展对区域要素的影响也同样是一个演进过程。从区位租的角度来考察，如果要谋求要素租值的最大化，那么区域要素流动性的转化实质上体现了区域空间深化的趋势——区域整体利益的内在一致性要求，其决定于区域价值的支付结构，又进一步受到制度与习俗等因素的影响。这些引发区域要素流动性转化的根本性动因，实质上来自区域功能的演进。

第三节 区域功能

从区域发展的角度看待区域要素流动性的转化，实质上是在区域发展过程中，由于区域功能的演进引发了对区域要素相对稀缺性的重新表达。对区域功能演进过程的认识首先在于对区域价值的理解。

一 区域价值的理解

人们的基本活动总是依存于一定的区域，其中，由各种物质形态部分构成了区域的自然属性；由人的活动和人的活动引起的物质形态的演变构成了区域的社会属性，区域价值即是在这两种属性交互作用下形成的自然关系与社会关系。随着人们认识自然和改造自然的能力的不断提升，对区域价值的理解也在不断深入和拓展。

在一定的区域中，随着社会经济的发展，不同利益主体都有对于满足自身欲望的需求扩张，这在区域要素稀缺性的作用下，必然会产生利益冲突。区域利益冲突在两个方面对区域的结构产生影响：一是由个体在区域中追求利益的行为带来的外部性问题。在产权界定不清晰的情况下，可能由此形成路径依赖，严重的会导致对自然关系的不可逆或极高的修正成本。二是由个人在区域中追求利益的行为后果，对于区域功能可能产生正向效应，也可能产生逆向效应。所以，区域结构是由自然关系与社会关系构成的耦合体。其中，自然关系构成了其他区域关系的基础，是处理各种社会关系的"硬约束"条件。在遵从自然关系的硬约束条件下处理区域中的各种利益冲突，需要构建区域利益的协调机制，规制人与自然的基本关系，合理利用区域要素，以期在区域结构重构中实现区域价值。

更进一步，如果把区域价值看作一种功能，那么这种功能体现为两个方面：一是如同其他资源一样可以为人类利用。二是人类生存所处的空间范畴。所以，区域除了作为一种供人类可以利用的资源对象之外，更为重要的是人类赖以生存的场所。这使一方面当区域作为一个有机体，其涵盖的各种资源所发挥的功能对人类活动具有独特的使用价值。另一方面，人类社会本身的演化过程，必然处于一定的区域空间之中，且与这一区域空间的相对稳定性密切相关。由此说明，人类社会的发展与自然环境之间存在着双重依赖关系，由这种双重依赖关系可以推出体现区域价值的二元论——区域不仅是供人类利用的资源，更是人类必须呵护的对象。

区域价值二元论实现了发展在区域上的表达，是以人类与自然和谐共处为核心的新时代发展观的集中体现。区域价值二元论，排除了区域价值独立于主体而存在的可能性，同时也排除了区域价值存在主体与客体上分离的可能性。区域价值二元论是区域本身的整体价值的二元性实现，与以往在传统区域发展理论分析中采用的二元论有着本质上的区别：它既不同于"中心—外围"说中关于区域经济活动中的中心与外围区域不平衡格局的二元表现，也不是经济发展理论中的"现代"与"传统"的二元结构论，而是区域资源价值的二元实现，更是人类在区域决策中必须遵从平衡的二元价值标准。

二 区域功能的认识

区域价值二元论是发展过程中区域整体价值的表述，区域功能也同样在区域发展过程中获得了二元价值的实现。当理解了区域的二元价值之后，人类对于区域功能认识的演进过程即可划分为三个阶段：由"脆弱性"到"适应性"再到"永续性"的过程。

（一）"脆弱性"认识

人类对区域功能"脆弱性"的认识开始于自然灾害领域，脆弱性被作为一种区域承受自然灾害和损失的潜在能力的综合表达。之后，其内涵在各个学科和领域不断扩充和加深，使其成为受到物质、环境、社会、经济、政治和文化等因素多重影响的复合体。

虽然不同学科和领域对于脆弱性的解释有所差异，但是它们的理论共同点都是聚焦于区域属性与人类活动的交互关系。在由区域属性与人类活动构成的二维坐标空间中，形成了 9 种脆弱性的交互状态（见图 4-3）。

区域属性涉及区域的自然属性、社会属性和经济属性三个方面。人类活动由对于脆弱性的不同理解，可以分为生存环境、生活状态和生计行为三种类型。其中，生存环境是把脆弱性作为外部环境系统对人类活

		人类活动		
		生存环境	生活状态	生计行为
区域属性	自然	自然—生存环境	自然—生活状态	自然—生计行为
	社会	社会—生存环境	社会—生活状态	社会—生计行为
	经济	经济—生存环境	经济—生活状态	经济—生计行为

图4-3 9种脆弱性的交互状态

动的不利影响并关注于自身的不稳定性。生活状态是把脆弱性作为人类活动在外部扰动作用下，产生变化后又缺乏恢复到初始状态的能力，进而形成一种相对稳定状态。生计行为是上述两种状态共同作用的结果。上述9种状态均经历了以下变化：由仅显示了受灾体本身的属性到探讨应对灾害所需的能力，从而形成二维结构，再到把其他要素（如暴露性）纳入其中进而获得多维结构。

在特定区域脆弱性研究中，可以从三个方面对其本质进行剖析：

第一个方面是生态自身的脆弱性。敏感性、恢复力、暴露度等概念均是在面临外界因素干扰的情况下，区域自身系统抵御能力的一种体现，主要是生态内在的潜力即修复力。脆弱性便意味着区域生态内在潜力与修复力的不足。生态的自我修复能力主要表现在：生物的自我修复以及生物群体（生态的主体是各种生物，包括植物、动物、微生物）之间的互生互助上。可以进一步区分为：绝对的不足（当外界强大灾害超出了生态环境自身修复能力）与相对的不足（人类活动对生态造成的影响，超出了生态的承载范围）。

第二个方面是人的能力的脆弱性。从行为主体人的角度看，脆弱性是人或社会经济系统抵御外界干扰的不稳定性。主要原因可归结于人对环境承受的可行能力的有限性及自制性能力的不足。人对环境承受的可行能力的有限性体现在：人类在智力、体力等方面必然存在局限性和有限性，人类面对诸多自然和社会问题也会捉襟见肘，至少是暂时的无能为力。人的自制性能力不足主要表现在：自我约束不足的人类活动，容易被眼前的经济利益驱动，此时物质等资本的增加会导致生态资本的减少，使脆弱性加重。

第三个方面是生态与人的关系的脆弱性。在对已经遭受破坏的生态的建设中，人们往往注重的是生态的外延再生产，依靠现代文明成果的创造弥补人类自身对生态环境功能的不适应。而生态的内涵再生产——挖掘生态内部潜力，常常被忽视。人们在享受现代文明成果的同时，也忍受着其带来的负面影响。站在区域发展与人类生存的复合型角度，脆弱性实质上是人类在试图弥补自身对外在环境不适应的一种思维和行动。随着人类文明的程度越高，对脆弱性问题的思考和渴望的解决方式也就越多。

（二）"适应性"认识

在生态与人的交互关系中，解决脆弱性依赖人类文明成果带来的对区域功能的适应能力、人类自身的自制能力和可行能力的复合。必须将人类对区域生态的干扰性活动限制在区域生态自我修复能力的范围之内，即通过调动人作为主体的自适应能力，获得区域可持续发展与人的全面发展的共生结果。

所谓适应能力表现在人类能够根据行为的效果修改自己的行为规则，以便更好地在客观环境中生存。主体依靠这种不断交流互动过程，完成"学习"与"经验积累"，进而改变自身的结构和行为模式，最终获得自身可行能力的提升。[①]

在区域可持续发展中，起积极主动作用的是人为的适应，即主动适应性。主动适应性表现在两个方面，生态伦理（针对自然系统的适应）和生计效率（针对人类社会的适应）。生态伦理是人类处理自身及其周围的动物、环境和大自然等生态环境关系的一系列道德规范，通常是人类在进行与自然生态有关的活动中所形成的伦理关系及其调节原则。因此，生态伦理方面的主动适应性集中体现在人类对自身活动的约束和控制，以减少对自然环境的影响和破坏，即"不为"。生计效率方面则体现了人作为生计主体积极主动的一面，人类通过积极主动地适应环境变

---

① 吕鸿江、刘洪、程明：《多重理论视角下的组织适应性分析》，《外国经济与管理》2007年第12期。

化和区域功能要求，提升自身可行能力，发展可持续升级，即"可为"。人类在与环境的交互作用中遵循一般的刺激—反应模型（见图4-4）。

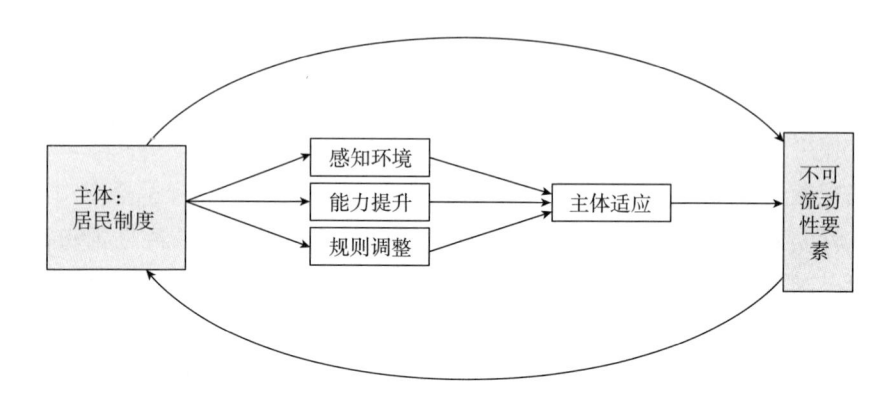

图4-4 适应性示意

（三）"永续性"认识

在人与自然构成的复杂系统中，区域可持续发展问题进一步演化为谋求区域功能的永续性问题。区域发展功能的永续性是生态系统自我恢复能力与人的可行能力共同作用的结果。其中，人的自我约束、主动调适的行为方式与行为选择是实现区域功能永续性的决定性因素。[①] 此时，区域主体在区域功能永续性实现中，一方面获得了与区域功能相适宜的价值取向，另一方面完成了自身可行能力的提升。

遵循从"脆弱性"到"适应性"再到"永续性"的路径，这是区域功能的永续性与人的全面发展的"双重发展"任务在区域发展谱系上，对不同"发展状态"的表述，更是"永续性"在"双重发展"任务中的高级状态。

中国特色社会主义进入新时代以后，社会主要矛盾已经从"人民日益增长的物质文化需要同落后的社会生产之间的矛盾"转化为"人民日益增长的美好生活需要和不平衡不充分发展之间的矛盾"。解决新的社会矛盾需要依赖于新的发展理念。反映在经济思想领域，创新、协

[①] 吕炜、刘畅：《中国农村公共投资、社会性支出与贫困问题研究》，《财贸经济》2008年第5期。

调、绿色、开放、共享构成了新发展理论的主要特征。"绿水青山就是金山银山",在实践中,新发展理论是以高质量发展观,以人民为中心的发展思想和人口资源环境全面协调的持续发展观构成的具有密切联系和内在逻辑一致性的有机统一体。

第四节 小结与启示

如果将"抽象的人"的需求所反映的区域要素上的功能性需求称为"类需求",则此种"类需求"是抽象人的根本性需求,且不受主体意愿的支配,具有永恒性。如果将"抽象的人"的空间需求称为"纯空间",则此种区域结构的"功能性"是永续的。可以证明区域价值存在"租金"最大化的可能。从现实的、具体的人出发,不同区域的利益主体存在明显的利益诉求差异。林毅夫曾经指出,过去的发展经济学家总是以欠发达国家(地区)"缺什么""补什么"的思路思考发展,现在开始思考欠发达国家(地区)"有什么",什么是它们的比较优势,怎样发挥它们的比较优势的问题。[①] 但从区域发展的角度看,新结构发展经济学仍然处理的是一个简化后的二元化区域,关注重点缺乏从区域发展水平到区域发展能力的根本性转变。并没有成功解决"区域属性同主体行为能力"的匹配关系和区域属性测定——"资本化难题"。

在新时代,面对新的发展诉求,解决区域发展差异与可持续发展中的新问题,传统的区域发达理论存在难以克服的缺陷。在此背景下,需要重新提出区域发展的内涵性研究——区域属性问题,对于提出产业扶贫精准性研究的有效路径具有重要意义。如何在异质性区域中寻求要素组合的最优解,并保障人类赖以生存的区域特性,构成了产业扶贫精准性研究必然要解决的关键问题。

本章从区域发展的角度重新审视了区域属性的两个问题:

第一,当引入区位租概念之后可以发现区域要素的稀缺性仅是产生区位租的必要而非充分条件。区位租的产生和变化,是区域要素的稀缺

---

① 林毅夫:《解决农村贫困问题需要有新的战略思路——评世界银行新的"惠及贫困人口的农村发展战略"》,《北京大学学报》(哲学社会科学版) 2002 年第 5 期。

性（不可流动性要素）与区域发展（区域功能演进）两者共同作用的结果。

第二，传统区域发展理论缺乏对不可流动性要素的充分重视，对不可流动性要素在区域属性中的关键作用长期视而不见，也就不能理解区域发展的二元价值。从区域发展的眼光来看，区域的二元价值在于它既是人类获得资源的对象，又是人类必须呵护的对象。区域不可流动性要素经历了由量到质的变量过程，人类对区域功能的理解也从认识区域的脆弱性，到人类活动表现出对区域的适应性，再到实现区域自我发展的永续性，从而最终实现区域发展的功能永续性与人的全面发展的双重目标。

第五章 区域发展诊断法

区域发展在本质上体现为区域功能的永续性与人的全面发展的双重目标。本章将区域属性置于区域功能永续性的背景之下，迎合欠发达地区谋求人的全面发展的历史性诉求，并引入产业扶贫的具体工作模式，构建一种新的理论分析范式——区域发展诊断法。本章的基本思路：首先，讨论传统 SLA 范式在解决区域属性问题上的缺陷。其次，从增长诊断法、区域协调发展理论和可行能力理论中寻求弥补上述缺陷的思路。最后，提出区域发展诊断法，并通过产业扶贫要素的资本化，解决欠发达地区区域属性的测度问题。

第一节 SLA 框架

SLA 框架是 2000 年由英国国际发展机构（the UK's Department for International Development，DFID）建立的一种可持续生计分析方法。目前该框架在世界范围内有着较为广泛的应用。该框架由脆弱性背景、生计资本、结构和制度的转变、生计战略和生计输出五个部分组成（见图 5-1）。[①]

SLA 框架在一定程度上是一个便于理解贫困的框架，同时也指出了有可能根除贫困的潜在机会。其中，脆弱性是该框架的起始点和最为重要的影响要素。脆弱性是一把"双刃剑"，一方面它可以以趋势、季节性的方式为区域中依赖环境条件的主体创造生计资本，另一方面它又以

---

① 苏芳：《可持续生计：理论、方法与应用》，中国社会科学出版社 2015 年版。

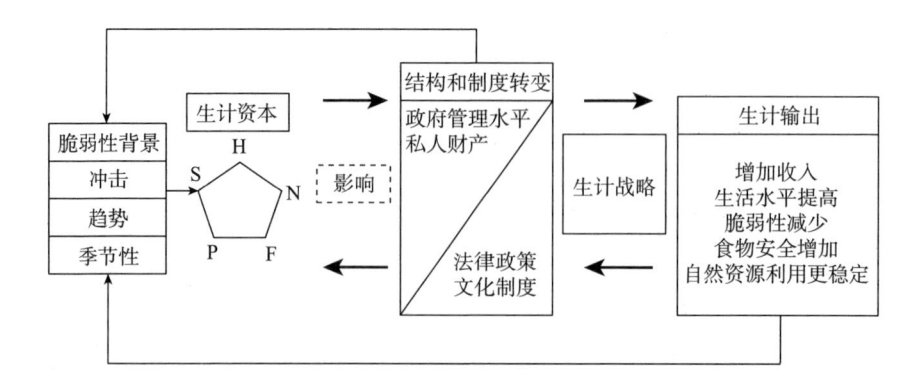

图 5-1 SLA 框架

冲击的方式毁坏资本。在与机制因素的联合作用下，脆弱性深刻影响着资本配置与使用的方式——生计策略。所产生的某些生计结果，又通过脆弱性的变化，反过来影响资本的数量、性质和状态等。

SLA 框架中的脆弱性理解是本书对区域发展诊断研究的重要借鉴。该框架的脆弱性主要集中于个体和家庭的尺度上，从其谋生能力和消除贫困的角度分析，被解释为谋生能力对环境变化的敏感性以及不能维持生计。这种对脆弱性的理解也正是本书对产业扶贫精准性研究中所要阐述的"硬约束"条件。

然而如果从区域属性角度来看，SLA 框架仍然存在三点不足：

一是不能解释区域异质性（不可流动要素）造成的发展差异。SLA 框架没有对脆弱性背景提出合理的层次划分，没有引起对不可流动性要素的充分重视。如前文所述，随着区域功能的不断演进，必须在区域发展理论中给予不可流动性要素的充分重视，否则将无法在新的理论框架中纳入区域属性的特征，无法提出体现区域特质的理论分析框架。

二是没有体现对区域功能永续性的自我发展要求。SLA 框架虽然意识到脆弱性在根除贫困策略中的重要价值，但是这种认识仍然只停留在脆弱性、适应性的层面，并没有能够上升到对区域功能永续性认识的层面。只有认识到区域功能的永续性是区域自我发展的根本要求和区域自我发展能力的实现途径，才能从根源上解决贫困问题。

三是忽视了区域发展二重目标之间的协同演化关系。SLA 框架仅是从生计策略层面分析解决贫困的途径，缺乏对于区域发展二重目标——区域功能的永续性与人的全面发展之间协同演化关系的深刻理解，而区域发展二重目标的根本实现才是欠发达地区解决贫困问题的可持续性发展道路。

虽然 SLA 框架对本书拟提出的区域发展诊断方法具有重要的借鉴意义，但是鉴于其在理解区域属性方面的不足，仍然需要由相关理论中汲取养分来加以补充和完善。

第二节　相关理论借鉴

要建立一个能够依据区域属性并充分体现区域功能的永续性与人类全面发展关系的区域发展诊断框架，需要借鉴相关理论成果。

一　诊断法的理论借鉴

区域发展诊断理论中的诊断方法首先借鉴了增长诊断法。增长诊断法提供了一种关于发展战略的思考方式，它包括三个要素：诊断性分析、政策设计和制度化。本书主要借鉴了诊断性分析方法。

增长诊断法认为，贫困的根源在于贫困人口生活的地区存在多种对增长的不利因素，例如缺乏人力资本，资本和资源的使用缺乏效率，经济社会制度不合理，经济、政治动荡，没有采用有效的激励机制于技术革新，信贷市场不健全，无法融入世界市场等。告诉它们必须克服所有这些困难才能发展不过是同义反复，毫无裨益。所以，重要的是寻找那些能取得最大收益的领域进行改革，在那些领域先行突破。换言之，首先需要清楚哪些是制约经济发展的最关键的因素。对于是否可以确定最为重要的"硬约束"的可能性问题在第三章中已经论述。

以一个简单的步骤说明如何在实际分析中使用这一方法。在一个低收入经济体里，经济活力至少受以下三个因素中的某一因素束缚：融资成本过高、经济回报（社会）过低及私人回报在社会回报中的份额过低。第一步诊断性分析旨在确定这三者中的哪个因素才是该经济体的关键约束。因为这些问题如果病症一样，每一种都释放出不同的信号，或者由不同经济变量的相互作用而呈现的共振现象，这些都能为诊断带来帮助。比如，在一个受融资成本问题制约的经济体内，可以推断其利率必然攀高，借方追逐代言，经济账户赤字达到国外借贷的许可上限，企业家倾向于投资。在这样的经济体内，外生性地增加可投资的基金——例如国外援助和国外汇款——会激励生产性投资和其他生产性经济活动而非消费和房地产投资。相较而言，在低私人回报阻碍经济活动的经济体里，利率将会很低，银行渴望资金流动，贷方追逐代言，经常账户趋于平衡或出现剩余，企业家会更倾向于在国外投资。国外援助或汇款的增加将促进消费、房地产投机或资本外逃。

同理，如果把低的私人回报率确定为主要的问题所在，接下来其根源是低的社会收益还是收益的私人份额低。低的社会收益又可以归结于人力资本匮乏、基础设施落后、地理条件恶劣等类似的原因。如果人力资本（无论是因为教育水平低下还是"流行病"）是严重的制约因素，可以推断其教育的回报率和对技能的奖酬会比较高。如果基础设施落后是问题所在，就会看到运输和能源的"瓶颈"，私人公司将会提供所需服务。如果在这些方面的问题不太严重，则可以推断其制约因素为社会收益中私人份额较低。

收益的专属权或可占有性问题会在两种情况下显现出来。一种是与政策和制度环境有关：税率过高、产权保护不力、高通胀带来宏观层面的风险、劳资弱化生产积极性等。另一种可能性来自市场失灵，如市场本身无法解决技术的溢出性、协调失灵以及经济的自我发现问题。通常要寻觅这些问题所发出的信号。有时，诊断分析会沿着某一条独特的道路进行，但这并不是因为发现了直接的证据，而是因为其他的道路被堵死了。这种分析还可以更进一步，而在现实中采用时，无疑还要考虑更多具体的细节。在此，仅显示了一种框架的轮廓。

最后，进行次优改革。次优改革不强调改革的多寡，而是强调一种适度，重视改革条目的配合，次优改革理论提供的是局部改革思路。要实现次优状态依赖于改革者对经济知识的充分掌握，还依赖于改革者解决政治约束的能力。次优改革的目标是在一揽子改革条目中获得更高的社会福利。

增长诊断法为本书拟提出的区域发展诊断法提供了重要的借鉴。除此以外，本书所要解决区域发展诊断问题仅涉及某一区域，且不能完全按照影响经济增长的相关要素加以甄别,所以在借鉴增长诊断法的基础上,涉及的相关要素仍需要由其他理论中寻求解决方案。

二 区域协调发展的理论借鉴

在寻求区域发展的功能永续性过程中,需要梳理区域自然、社会、经济等要素构成的复合系统的交互耦合关系。对于如何处理此种关系,本书借鉴了各种阐述区域协调发展的相关理论成果。

(一) 人地关系理论观点

人地关系是人与自然和谐相处的一种表达方式。[1] 在此,人及其社会经济活动与自然环境分别处于关系的两端,两者通过内在的繁杂关系相互影响、相互作用(见图5-2)。[2] 概括而言,人通过对客观世界的认识,进而获得开发和利用资源的能力,最终完成影响自然资源与环境的活动;外在环境对人的活动提供资源条件。[3] 这种交互作为的结果是否具有可持续性,一是取决于自然资源对人类活动的承载能力(包括促进作用与抑控作用),二是取决于人类活动对自然资源利用中的态度(是给予资源利用的可持续性,还是盲目地开发和利用)。[4] 因此,区域的协调发展应该是人与自然环境互惠共生的结果。[5] 只有当人的行为促进了人与自然的和谐关系时,才能获得区域发展的协调。[6] 所以,保持生态资源即是保护人类本身。[7] 因此,人类本身的道德规范与生态系统

---

[1] 赵明华、韩荣青:《地理学人地关系与人地系统研究现状评述》,《地域研究与开发》2004年第23期。

[2] 赵奎涛:《明末清初以来大凌河流域人地关系与生态环境演变研究》,博士学位论文,中国地质大学,2010年。

[3] 吴云:《"人地关系"理论发展历程及其哲学、科学基础》,《沈阳教育学院学报》2000年第1期。

[4] 陈传康、牛文元:《人地系统优化原理及区域发展模式的研究》,《地球科学信息》1988年第12期。

[5] 王铮等:《论现代地理学对象、内容、结构和基本方法》,《地理研究》1991年第10期。

[6] 王铮:《论人地关系的现代意义》,《人文地理》1995年第1期。

[7] 段海澎、陈永波:《可持续发展与PRED系统及人地关系》,《自然辩证法通讯》1997年第12期。

构成了一个更大范围内的包容生态系统。①

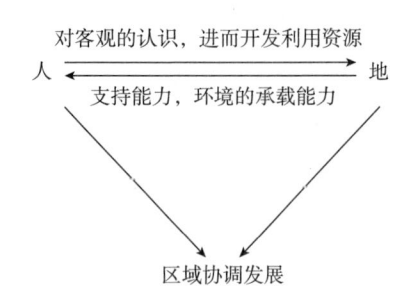

```
         对客观的认识,进而开发利用资源
    人 ←——————————————————————→ 地
         支持能力,环境的承载能力
         ↘                    ↙
              区域协调发展
```

图 5-2 "人""地"与区域协调发展的关系

（二）生态经济系统理论观点

在区域协调发展过程中，生态系统与经济系统之间存在交互耦合的胁迫约束效应（见图 5-3）。② 通常来说，生态系统可以独立于经济系统而存在。③ 但是随着人类活动领域的不断扩展，生态系统与经济系统之间的关系，已不单纯是经济系统对生态系统的依赖性，而是更多地表现为生态系统对经济系统的支持与约束关系。人类活动及其结果深刻影响着生态系统的演化过程，人类文明已然成为生态系统中不可缺少的重要标识。④ 人的因素成为生态系统演化的重要，甚至是主导的推动力。⑤ 区域内生态经济系统的耦合关系驱动了生态经济系统的协同进化，以动态上的时间和空间变化为轴心，生态经济耦合理论为区域协调发展提供了一个思路：当人的选择处于生态系统与经济系统的耦合关系中时，通

---

① 卓玛措：《人地关系协调理论与区域开发》，《青海师范大学学报》（哲学社会科学版）2006 年第 6 期。

② 何绍福：《农业耦合系统的理论与实践研究——以马坪镇为试验区》，博士学位论文，福建师范大学，2005 年；任继周：《草地农业系统生产效益的放大》，《中国草原与牧草》1986 年第 3 期；任继周：《河西走廊山地—绿洲—荒漠复合系统及其耦合》，科学出版社 2007 年版；任继周、朱兴运：《中国河西走廊草地农业的基本格局和它的系统相悖——草原退化的机理初探》，《草业学报》1995 年第 1 期。

③ Burkhard, B., "Indicating Human-environmental System Properties: Case Study Northern Fenno-Scandinavian Reindeer Herding", *Ecological Indicators*, 2008, 8 (6): 528–540.

④ 张淑焕：《中国农业生态经济与可持续发展》，社会科学文献出版社 2000 年版。

⑤ 任继周、南志标、郝敦元：《草业系统中的界面论》，《草业学报》2000 年第 1 期。

过生态策略、经济策略构成了人与生态系统、经济系统的第一重耦合关系。① 人类活动的生态伦理观、经济发展观又进一步形成区域协调发展的可能性，即适宜发展的生态条件与较高的社会经济发展水平的，处于更高层次上的第二重耦合关系。②

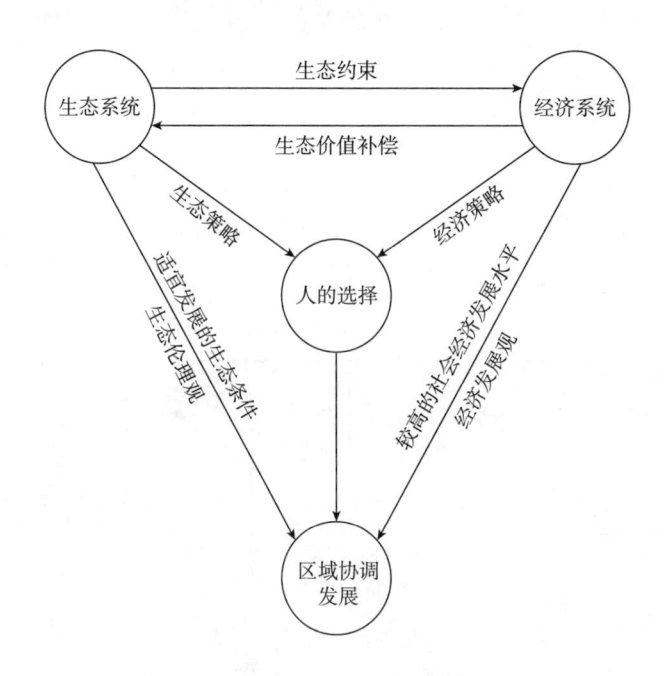

图 5-3　生态系统与经济系统耦合关系

（三）社会生态系统理论观点

自然资源系统是嵌入在复杂的社会生态系统（SES）的重要组成部分（见图 5-4）。③ 如何处理如此复杂的社会生态系统？按照奥斯特罗

---

① 高群：《生态—经济系统耦合机理及其恢复与重建研究——以三峡库区为例》，博士学位论文，中国科学院，2003 年。

② Gilbert, A., "Criteria for Sustainability in the Development of Indicators for Sustainable Development", *Chemosphere*, 1996, 33 (9): 1739-1748.

③ Engelbert, S., "The Index of Sustainable Economic Welfare (ISEW) as an Alternative to GDP in Measuring Economic Welfare: The Results of the Austrian (revised) ISEW Calculation 1955-1992", *Ecological Economics*, 1997, 21 (1): 16-20.

姆的观点，主要在于分析不同时空范围内的多层次的生态系统的复杂关系。① 这种复杂关系包括两个方面：一是社会、经济、政治背景管理系统与资源生态系统之间的互动关系；二是由于上述系统的动态发展而带来的复杂生态系统结果的不可预见性——不确定性。由于不确定性已然为制度安排留下了足够的策略选择空间②，所以公共资源的自主治理（由资源使用者自我组织、自主管理）成为第三条道路③，能够有效地使资源使用者持续利用资源。

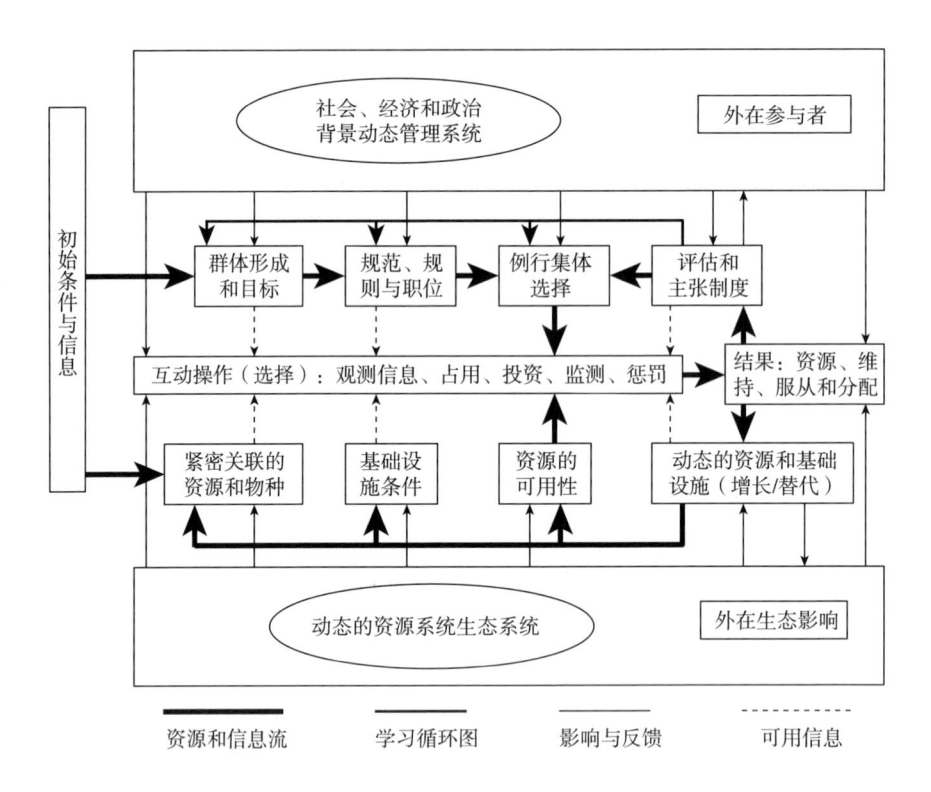

图 5-4　社会生态系统的动态总体分析框架

---

① Janssen, M. A., *Complexity and Ecosystem Management*, Chettenham (UK): Edward Elgar Publishers, 2003.

② Storm, E., "A General Framework for Analyzing Sustainability of Social Ecological Systems", *Science*, 2009 (7): 419-422.

③ 柴盈、曾云敏：《奥斯特罗姆对经济理论与方法论的贡献》，《经济学动态》2009 年第 12 期。

(四) 综合生态系统管理理论观点

综合生态系统管理的核心是承认了人与自然资源之间的相互依赖关系。① 作为生态资源的综合管理方面，强调了生态功能、生态服务与人类社会经济活动之间的关联性，并将这种关联性转化为综合方式管理生态系统因子，从而构成一种跨行业、部门或领域的综合管理框架，并因此创造多元惠益。②

上述四种区域协调发展理论从不同视角探讨了区域发展功能永续性的内在要求，为本书拟提出区域发展诊断法带来了启示（见图 5-5）。综合以上观点：区域协调发展的目标是人与自然的和谐相处，其中，"人"处于主体地位。资源、社会、文化条件等因素构成了区域协调发展的硬约束条件，是理解社会与经济系统间的胁迫约束关系的主要内容。区域功能的可分割性与结构、制度安排为生计策略选择提供了可能性。最终的目标在于由此推动人的全面发展。即"人的主体活动"，在"资源约束条件"下，通过适当的"生计策略选择"，最终实现了"人的全面发展"——"可行能力"获得了提升。

人地关系理论	社会经济系统耦合理论	社会生态系统理论	综合生态系统管理
1.提出区域协调发展要解决的普遍性问题 2.明确了"人"的主体地位	1.社会与经济系统的胁迫约束关系 2.约束条件下的选择策略集合空间	1.针对特定地区生态资源的治理问题 2.治理公共资源的第三条道路	生态恢复项目评估的可行方法

↓

区域协调发展

↓

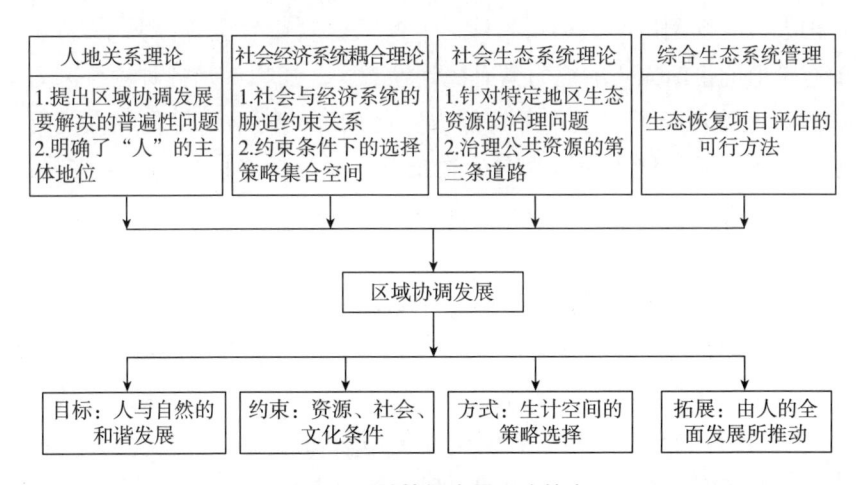

| 目标：人与自然的和谐发展 | 约束：资源、社会、文化条件 | 方式：生计空间的策略选择 | 拓展：由人的全面发展所推动 |

图 5-5 区域协调发展理论的启示

---

① 赵士洞、汪业勖：《生态系统管理的基本问题》，《生态学杂志》1997 年第 4 期。
② 王如松：《资源、环境与产业转型的复合生态管理》，《系统工程理论与实践》2003 年第 2 期；江泽慧：《中国西部退化土地综合生态系统管理》，《世界林业研究》2005 年第 5 期；郭怀成等：《河岸带生态系统管理研究概念框架及其关键问题》，《地理研究》2007 年第 4 期。

三 可行能力的理论借鉴

区域协调发展理论为区域发展二重目标中功能永续性提供了理论启示，而本书拟提出的区域发展诊断法还需要解决区域发展二重目标中对人的全面发展的理论表述。本书在借鉴了阿玛蒂亚·森的可行能力理论用于体现人的全面发展，为区域属性同主体行为能力的匹配性问题寻求解决思路。

阿玛蒂亚·森的可行能力理论将人的全面发展的判断标准转向可行能力，这一转变带来了一种全新的对发展问题的研究视角——由"自由"研究"发展"。个人在谋求"发展"过程中，可能会受到三方面的限制：权利的被剥夺、缺乏机会、发展过程中的约束。在区域中，这些约束条件同样会限制人的可行能力，并大大降低区域属性的二重价值实现。

阿玛蒂亚·森的可行能力理论提供了一个因果循环的链条："社会安排—可行能力—资源获取—剥夺"。在此，理性看待贫困问题，认为贫困人口有权利以个人的可行能力（实质性自由）去选择其个人认为的有价值的生活方式的能力具有决定性意义。所以，从此种角度来看，贫困即为被剥夺了"基本可行能力"的问题，而不仅仅是收入问题。如不具备"可行能力集"所包含在最低水平的功能性活动，个人就处于被"剥夺"的状态。此时，贫困也就发生了。

（一）权利与能力

一般认为，权利包括应然和实然两个层面，其中，应然层面是人们应该享有的权利，实然层面是人们实际发挥作用的权利。但是，在实然和应然层面之间往往并不完全对等，有时会存在易被忽视的"权利缺口"。从可行能力看，必须意识到发展与自由、能力与权利的内在关联。阿玛蒂亚·森认为，个人的权利的基础来源于四个方面：交换、生产、自身劳动能力和继承或转让。[①]而一个人免予贫困的权利依赖于政治体系、经济体系、社会体系等因素，这些都会影响到权利的分配，并决定着不同的群体在面对贫困状况时的"抗击能力"和实际处境。即

---

① 马新文：《阿玛蒂亚·森的权利贫困理论与方法述评》，《国外社会科学》2008年第2期。

在人的可行能力和实质自由的实现之前,首先而且必须要保证人的权利。

(二) 能力与机会

当权利剥夺性得到有效解决后,是否就意味着人的可行能力可以充分发挥,或者人们可以获得真正意义上的发展?对于贫困群体,事实上的歧视会导致公民的机会不平等,从而陷入贫困或能力的约束问题。这种歧视并不是一般意义上的收入问题,而是对发展机会的限制性。即占优位之势的人具有影响、决定和控制处于劣势的人的能力和机会。首先,阿玛蒂亚·森认为,"可行能力是一种实质自由的表现,而更多的自由意味着有更多的机会去实现那些我们珍视的事物",[①] 他强调了一种积极主动的选择,即增加自由选择的机会。其次,当客体遭遇机会的不平等时,即使是主体的无意为之,客体的可行能力的发挥也会受到相应的限制,这些原因集中在个人异质性、环境差异、物质水平等。最后,不同区域面临不同的机会选择,即便具有均等的资源禀赋也并非意味着把机会转化为相同的发展效果。

(三) 区域属性与可行能力

当用阿玛蒂亚·森的可行能力视角去看待可持续发展时,其传统定义就可能存在着两方面问题:一是需求是否存在一个普遍接受的标准?二是基本需求的满足与有能力珍惜自己重视的事物之间是否一致?从可行能力视角来看,由于可行能力的大小存在个体差异,那么就不可能存在一个普遍接受的满足需求的标准。第一个问题的答案也有助于回答第二个问题。既然承认个体能力有差别,那么个人获取自己重视的事物(实质性自由)的策略空间也会大不相同。所以,处于当前社会经济活动中的个体,以目前的能力来实现自身的需求,限于可行能力,就不能够保证其满足的当前需求一定符合个体的未来需求,行为稍有不慎,就可能对后代获得权利、自由、发展造成不可逆的后果。所以,"生活的意义远大于生活的标准",不要将收入和物质给予作为人类实现有价值生活的内在目标,也不可能从"病态"的需求中获得可持续发展的途径。在此过程中,依赖于完善的制度建设是将单个主体的孤立行动拓展

[①] 阿玛蒂亚·森:《正义的理念》,中国人民大学出版社 2013 年版。

为切合区域属性的群体目标的必由之路。

将区域属性与人的行为能力置于统一的分析框架，可以带来如下启示：

第一，区域发展实现的基础是主体的可行能力适应于区域功能的永续性。此时，以可行能力的提升作为评价目标反思经济结构的转变，在为区域发展提供清晰的核对清单的同时，也较为明确地概括出区域功能永续性与人的行为能力之间的联系。

第二，实现伴随着主体可行能力的提升，需要相关部门提供权利剥夺后的资源补给，以实现贫困群体的权利再赋予。由于后进地区，多种因素制约着可行能力的提升，特别是不均等的要素禀赋。培育贫困人口的自我发展能力的最基本要求就要增大投入力度，保证他们具有实现可行能力的最基本的前提条件。

第三，在把握不同区域的主体功能活动的基础上，创造契合区域属性发展机会。由于个人异质性、空间差异性的存在，机会的不均等和对机会的使用程度也呈现出差异性，通过适合区域发展属性的其他资本的可替代予以弥补，通过增加人口收入，提高生活质量，将生态环境的脆弱性逐步向稳定性推进，从而实现自然资源可持续的利用。

第四，一个基于社会公正、注重人口发展能力的制度，不仅可以增进大众福祉，也能使国家和个人积极捍卫自己的发展权利。构建和利用有效的制度、体制、机制组合，发挥出适合区域属性的发展特点，是获得区域功能永续性的重要基础。

四 产业培育要素的理论借鉴

因为本书拟提出的区域发展诊断法需要应用于产业扶贫精准性研究，所以必须在诊断框架中引入产业培育要素。

（一）产业竞争力理论观点

产业经济学中关于中观层次的产业竞争力理论以波特的五种竞争力模型和"钻石模型"为代表。波特在 1980 年出版的《竞争战略》一书中，从产业结构和支配力方面提出了一个五种竞争力模型。这五种竞争力是：潜在进入者、替代品的威胁、买方讨价还价能力、供方讨价还价能力和产业内现有竞争者的对抗力。1990 年，波特又提出了一个用于分析产业国际竞争力的模型——钻石模型。这个模型是以五种竞争力模型为基础，并进行了拓展，着重体现了产业的整体业绩，并增添了政府和变化两类因素。钻石模型将决定一国产业竞争力的要素总结为六类，即生产要素、需求条件、相关支持产业、企业战略、政府行为、机会。后来经克鲁格曼和韦贝克的完善，融入了SWOT模型的四因素分析机理，形成了最终的模型结构。①

然而从本书涉及的扶贫产业培育要素角度，无论是五种竞争力模型，还是钻石模型，其中提出产业竞争力要素对于本书研究产业扶贫精准性，适用性都不强。主要原因在于：一是无论是五种竞争力模型，还是钻石模型，针对的产业应当至少已具备了一定的规模，着眼于两个或两个以上的竞争主体（产业）在追求某一个或多个竞争对象的过程中所表现出的能力，其评价的目标也是以国际竞争力为主。二是本书涉及的扶贫产业培育仅是一个产业发展的雏形阶段，首要解决的问题是产业"存活"，还不足以过多考察规模化和竞争力问题。

（二）可持续生计策略理论观点

从上述分析可以发现，本书涉及的扶贫产业培育距离产业经济学中的产业概念（产业是具有基本类特性的企业的集合或系统）还有一段距离，而应当介于"产业"与贫困人口的"可持续生计策略"两者之间。

2000年由英国国际发展机构（the UK's Department for International Development，DFID）提出的可持续生计框架（SLA）将可持续生计描述为："生计包含了人们为了谋生所需要的能力、资产（包括物质和社会资源）以及所从事的活动。只有当一种生计能够应对，并在压力和打击下得到恢复；能够在当前和未来保持乃至加强其能力和资产，同时又不损坏自然资源基础，这种生计才是可持续性的。"在这个框架中五类资本作为实现可持续生计的要素。这对于本书需要引入的产业培育要素具有重要的借鉴意义。

因为欠发达地区的市场化程度普遍不高，大多数扶贫产业还仅具备产业雏形，产业多处于培育阶段。另外，扶贫产业成长虽然也需要面临

---

① 杨公朴、夏大慰、龚仰军：《产业经济学教程》，上海财经大学出版社2008年版。

一定的产业机会、市场环境、同行竞争等问题，但主要依靠的是政府的产业扶持政策提供支持。比较波特的钻石模型和五类资本划分中的产业成长要素内涵可以发现，五类资本的划分强化了钻石模型中生产要素部分，将钻石模型中的生产要素因素分解为物质资本、人力资本、自然资本、金融资本四种资本构成，从而强化了扶贫产业培育的特殊资本需求；而将钻石模型中的其余因素全部归结于社会资本，体现了政府在产业扶贫中的主导作用（见图5-6）。

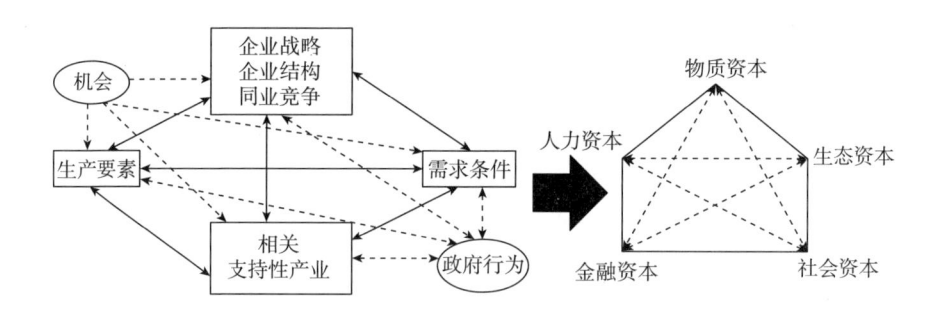

图5-6 "钻石模型"与"五类资本"的转化

相较而言，可持续生计框架中提出的五类资本，既包括了谋求区域功能永续性的资源要素，也包括谋求人的全面发展过程中形成的人力资本要素。当然，以五类资本作为扶贫产业培育的要素构成之后，仍然需要从产业角度重新对五类资本的内涵进行界定。

第三节 区域发展诊断框架

综合上述理论观点，本书认为，区域发展的二重目标体现为区域功能的永续性与人的全面发展，区域发展诊断的作用在于：

利用自然资源促进发展的过程中，维持自然生态系统的自我修复能力，不断自觉克服人类活动对环境造成的负面效应，并使之体现为区域功能上的自我发展能力的产业资本构成。通过建立有序的生态运行机制，提倡以人与自然和谐共处的生态伦理观与科学发展观，最终形成对区域属性、人的可行能力与产业扶贫模式的协同关系的表达（见图5-7）。

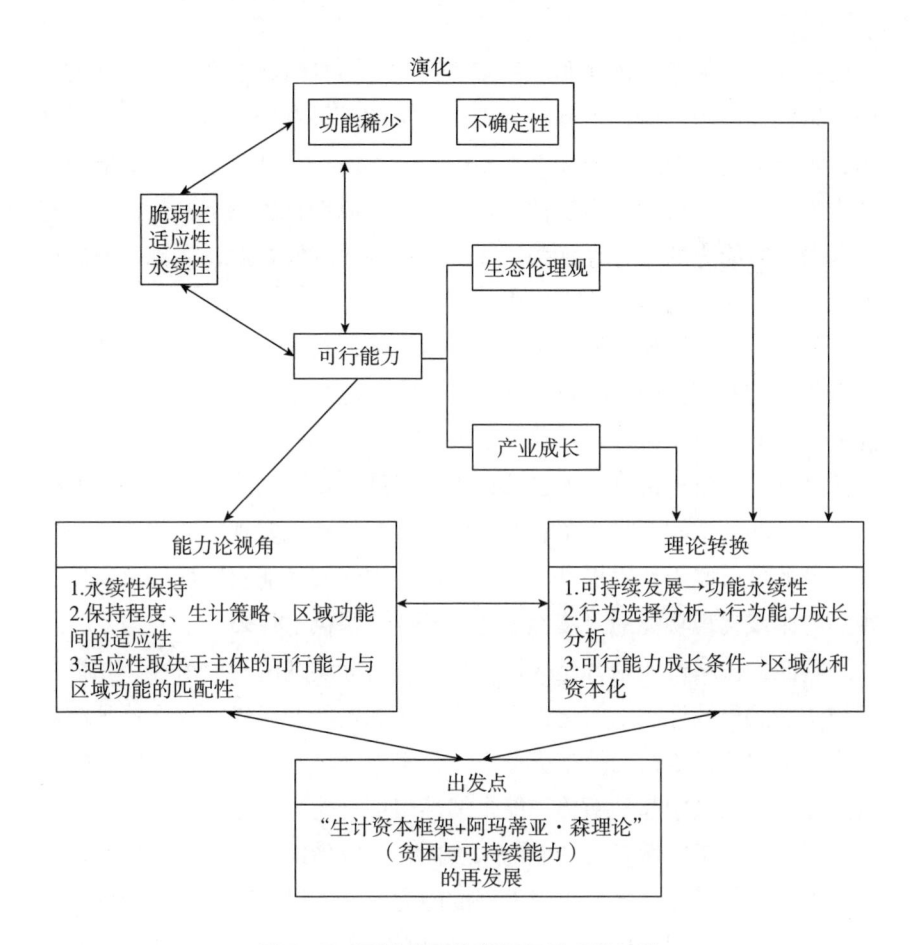

图 5-7　区域发展诊断框架的理论演进

区域发展诊断框架可以表述为五个方面：

其一，实现区域功能的永续性。当现有区域的条件限制了人的可行能力之后，必须通过由区域功能的拓展获得解放人的发展自由的条件，拓展人的全面发展的途径。所以当区域发展的路径沿着"脆弱性""功能性"，最终达到"永续性"之后，才能为实现区域发展的二重目标创造条件。区域发展的功能永续性是区域中的生态系统的自组织能力与人的能动性交互作用的结果。

其二，提高人的可行能力。在区域属性视阈下寻求人与自然的和谐发展，关键在于人的可行能力。一方面，自然生态系统本身虽然具有自我修复能力，但是这种修复能力是无意识的，而且也必须处于生态承载力的范围内才能够发挥作用。只有当人建立与自然和谐共处的生态安全观与绿色发展观之后，使其行为方式产生的后果置于生态承载力范围之内，才能实现人与自然的和谐关系。另一方面，区域的永续发展能力也是人追求全面发展的必需条件，是人获得实质性自由的重要前提。只有当人的可行能力的包容性涵盖了区域发展的永续性之后，实现区域属性的二重性才能成为人的自觉行为。

其三，寻求区域功能永续性与可行能力的匹配。区域功能永续性与可行能力的匹配是阿玛蒂亚·森的可行能力思想延伸的必然结果。这种匹配一方面是由于区域发展路径的演进造成的必然结果，另一方面也是人的可行能力获得提升后的必然诉求。区域实现了功能的永续性，即拓展了人活动的空间，带来了新的发展机遇，创造了实现实质性自由的条件。人的可行能力获得提升，形成了以追求区域功能永续性的科学发展观，为区域实现功能的永续性创造了条件，提供了保障。

其四，扶贫产业培育是区域发展二重目标实现的有效途径。如果将区域功能的永续性和人的全面发展作为区域发展的两极，那么扶贫产业就是平衡这两极目标的一个支撑点，是实现区域发展二重目标实现的有效途径，并在其中起到衔接功能永续性与可行能力的作用。

其五，度量区域发展功能的永续性，可以借助五类资本。五类资本既可以直接用于衡量区域自我发展的能力，又可以间接体现人的可行能力获得的环境，同时更是培育区域产业的先决条件。从要素属性来看，五类资本是个体和群体行为体现过程中必须遵循的约束条件、施加影响和进行变革的客体内容。从产业属性来看，五类资本是扶贫产业培育过程中需要重点考察的关键约束变量。

综合上述理论表述，在新时代区域发展的总体背景下，区域发展诊断框架（见图5-8）的总体思路是：区域发展战略必须符合区域属性差异，通过扶贫产业培育，最终实现区域发展二重目标。在此过程中，强调了不可流动性要素在区域属性中的作用，将扶贫产业培育通过要素的资本化来度量。该诊断框架迎合新时代的发展理念，强调了区域发展二重目标之间的协同关系，可以完成可持续发展到区域功能永续化的转化、区域协调发展到可行能力的转化和可行能力生成条件到扶贫产业培育要素资本化的转化。

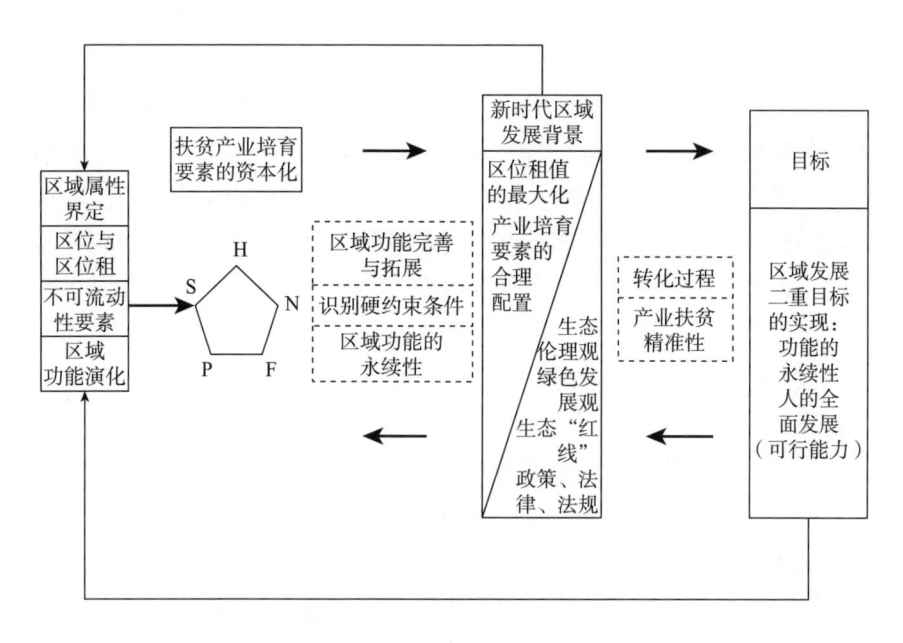

图 5-8　区域发展诊断框架

第四节　小结与启示

本章重点提出了区域发展诊断法，将区域属性、人的可行能力与扶贫产业培育要素的资本化三者纳入区域发展诊断框架中。区域发展诊断法的意义在于：

第一，虽然区域属性已散见于各种区域发展理论，但仍然缺乏系统性的区域发展诊断理论研究成果。从区域发展研究的两种基本理论形态——发展核算和发展诊断来看，由于发展核算理论更注重流动性要素的空间聚集问题，而在区域发展中，不可流动性要素不但不可忽视，而且必须面对。因此，需要把发展诊断法引入区域发展研究之中，重点解决受非流动性要素制约的区域发展问题。

第二，区域发展诊断法遵循了区域属性的内涵。在此框架中，延续了 SLA 框架对主体行为主动作用于客体的思想，是制定区域发展政策时可以借鉴的理论依据。将五类资本要素纳入分析框架中，通过对五类资本的衡量获得实施主体行为干预的实证依据。推进了区域的永续功能与人的全面发展的协同关系。

第三,区域发展诊断法更加合理地纳入了可行能力。在此框架中,可行能力被作为提升区域自我发展能力的重要手段,同时也符合了区域属性下对人的全面发展的要求。在充分考虑 SLA 框架的科学性和合理性的同时,更加深入地考虑了可行能力的重要性。在承认区域异质性的同时,把不可流动性要素作为系统构建的硬约束条件,在遵循新时代发展理念的背景下,不断动态调整扶贫产业的精准性,重点促使区域功能永续性的获得与可行能力提升相匹配,建立具有成长性、不断完善的区域发展衡量系统。

第四,区域发展诊断法实现了区域属性的资本化度量。在此框架中,扶贫产业培育是实现区域功能永续性和人的全面发展的桥梁。所以,扶贫产业培育要素的资本化实现了对区域发展二重目标的度量。通过扶贫产业培育,结合主体的"不为"和"可为"、区域自我发展能力的提升和功能的永续性、贫困人口的可行能力,最终实现区域的二重发展目标。

第五,从区域发展诊断法的应用前景看,产业扶贫由于符合"特定区域和特定主体发展相结合"的特点,将是区域发展诊断法理想的实验对象。随着贫困问题的区域化,以及贫困地区问题复合化的进一步增强,所有这些问题都有一个共同的指向,那就是产业扶贫精准性诊断。

第六章 产业扶贫精准性诊断

区域发展诊断法将区域发展二重目标通过扶贫产业培育要素的资本化加以度量，本章进一步探讨如何利用区域发展诊断法完成产业扶贫精准化诊断的实际应用过程。

第一节 产业扶贫与区域发展

区域发展诊断法实现了从区域功能的永续性和人的全面发展两个方面对区域发展在能力层面的诊断，并最终把能力层面的诊断转化为扶贫产业成长要素的资本化构成，从而解决了对区域发展目标的度量问题。本书认为，产业扶贫与区域发展二重目标关系在于：如果把区域功能的永续性和人的全面发展置于区域发展目标的两极，那么扶贫产业就是实现两极平衡发展的支撑和途径（见图6-1）。区域发展的二重目标与产业扶贫之间的交互关系可以表述如下：

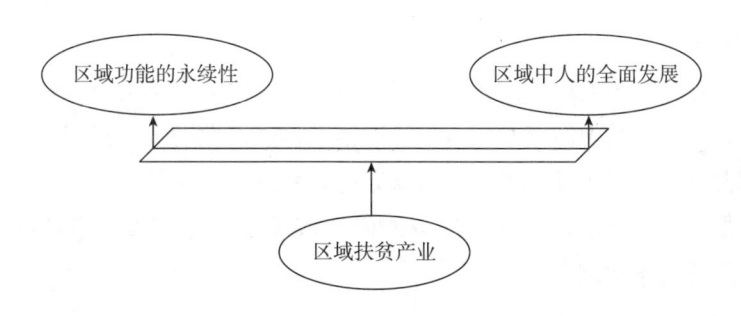

图6-1 产业扶贫与区域发展的关系

一 区域功能的永续性与产业扶贫

区域功能的永续性与产业扶贫之间的交互关系在于：要实现区域发展中区域功能的永续性，必须引起对不可流动性要素的充分重视。从区位租的角度，要素的稀缺性仅是产生租值的必要而非充分条件。区位租的变化可以通过两种途径实现：一是扶贫产业成长直接或间接地引起对要素需求的增加，在不可流动性要素供给数量无法改变的情况下，要素相对稀缺性增加，从而产生区位租。二是扶贫产业的成长使不可流动性要素的数量减少，即使要素需求没有增加或仅有较少的下降，也会由于相对稀缺性的产生获得区位租。要获得区域功能的永续性，必须使不可流动性的自组织能力发挥关键性的作用。在产业扶贫过程中，区域生态环境和自然资源一旦遭受破坏，贫困人口往往成为首当其冲的受害者。因为大多数贫困人口主要从事于农业生计，这种生计模式更易受到生态和气候条件的影响。此外，贫困人口由于缺乏必要的资本投资于有利可图的生计，所以也难以适应不断变化的生态环境。所以，不可流动要素的稀缺性是扶贫产业选择的主要约束条件，而扶贫产业成长反过来又会影响不可流动性要素的相对稀缺性。

二 产业扶贫与人的可行能力

产业扶贫与人的可行能力的交互关系在于：扶贫的终极目标是获得人的全面发展，可以通过贫困人口可行能力的提高来体现。扶贫产业虽然仅是一种扶贫模式，其本身并不是扶贫的终极目标，但是贫困人口可行能力的提高需要由此途径来实现。与此同时，产业扶贫的效果需要以扶贫的终极目标来判断，即以贫困人口的可行能力提升为取向。在此基础上，随着贫困人口可行能力的提升，又会以人力资本的形式转化为扶贫产业培育要素中的资本投入，从而推动扶贫产业的进一步成长。大量研究表明，贫困人口的可行能力缺乏，是导致欠发达地区贫困恶性循环的主要因素。而在近期关于扶贫的研究成果中，也一再提出"扶贫先扶智"的政策取向。

三 产业扶贫与区域发展目标的关系

对于区域功能的永续性、扶贫产业培育与贫困人口全面发展的关系，现实中贫困人口的发展过程总受到区域属性的约束。在扶贫产业培育与贫困人口的全面发展之间，区域产业培育的内容是不同的，贫困人口发展条件也是不一样的。此时，要将产业扶贫置于区域发展的双重目标之下，扶贫产业必须与区域的功能性分工相匹配，同贫困人口的全面发展相适应。所以，可以认为产业扶贫精准性问题，表面上看是区域产业发展中的要素协调问题，根本上看是区域发展二重目标的实现问题。

第二节 坐标系与诊断项目

区域发展诊断视阈下产业扶贫精准性问题是一个复合函数，涉及区域属性、产业发展、扶贫开发以及人的全面发展多个方面，同时还受到不同积累机制的制约，所以只有将问题放在一个合理的坐标系中，才能得出科学的设定。

本书认为，产业扶贫精准性研究的坐标系应当是个三维坐标空间——涵盖区域功能的永续性、扶贫产业的培育和贫困人口的全面发展。这一坐标空间既体现了在区域发展诊断视阈下，扶贫产业培育对区域发展二重目标的契合，又是区域发展在扶贫产业培育中的具体实现。在上述三维坐标空间中，体现了三重关系：一是区域永续性功能的发展要求对扶贫产业选择的约束作用；二是人的全面发展对扶贫产业效果的目标导向作用；三是区域要素以资本的方式成为扶贫产业成长的资本投入。

本书将产业扶贫精准性定义为：在一个特定区域内，选择切合区域属性的扶贫产业项目，弥补产业培育中的资本缺失，并为贫困人口全面发展创造条件。此处给出的产业扶贫精准性定义，无论处于哪一个层面，都仅具有一般意义，对于不同区域的要求，还需要结合此定义作出更具体和现实的分析。

从产业扶贫精准性的定义出发，应当从三个方面设定产业扶贫精准性的诊断项目。诊断项目一：扶贫产业项目选择的精准性诊断，即扶贫产业选择应当符合区域永续性功能实现的要求。诊断项目二：扶贫产业培育过程的精准性诊断，主要分析扶贫产业培育所需的资本要素的缺失状况。诊断项目三：产业扶贫成效的精准性诊断，主要体现能够为贫困人口全面发展创造条件（见图6-2）。

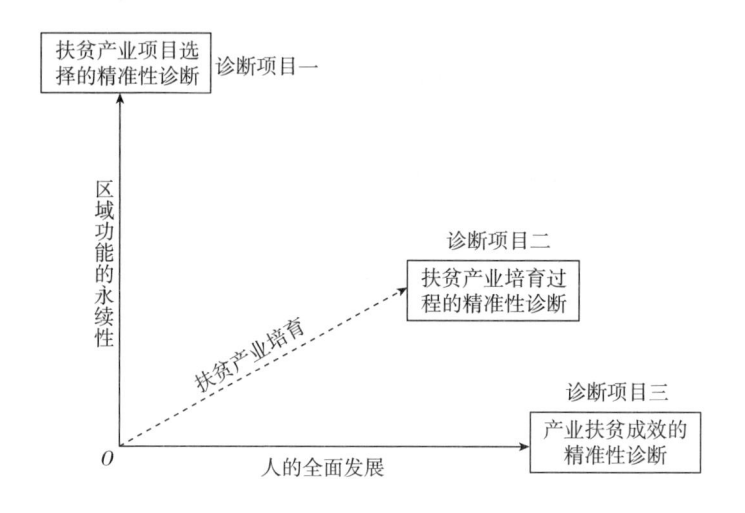

图6-2　产业扶贫精准性诊断的坐标系与项目构成

在上述产业扶贫精准性诊断项目设定中，通过扶贫产业培育这一桥梁，一部分需求会转化为贫困人口的全面发展的基本价值诉求在区域层面的映射。这种区域层面的需求映射进而导致区域功能的演进，并要求区域按照自身的属性来获得永续发展。也只有如此，贫困人口的基本价值在区域层面的需求才能得到永续性的满足。这同样是发展在对区域属性再发现后，实现人的全面发展所遵从的区域约束与保障条件。此种条件，构成了对区域产业成长的基本要求——必须保障贫困人口的全面发展的基本价值诉求，以及决定区域属性的不可流动性要素价值再生产的永续性。

第三节　六步诊断法

新结构经济学的主要代表人物林毅夫在《增长甄别与因势利导——政

府在结构变迁动态机制中的作用》一文中,提出了一个"增长甄别与因势利导框架",认为"有必要根据比较优势理论和后发优势理论","以及产业政策实践所得出的成败两方面的经验,整理出一套可用于指导产业政策设计的基本原则",即一个"六步骤过程"(见表6-1),据此可以为制定产业政策提供一个框架。①

表6-1　　　　　　　　林毅夫提出的"六步骤过程"

步骤	操作方法
1	确定一份贸易商品和服务的清单并满足一定的条件
2	优先考虑那些国内私人企业已自发进入的产业,并设法确定这些企业提升其品质的障碍或阻止其他私人企业进入该产业的障碍
3	针对全新产业或很少从事出口的企业提供特定措施
4	关注本国成功实现自我发现的其他私人企业,并为这些产业扩大规模提供帮助
5	投资于工业园区或出口加工区
6	为国内先驱企业或国外投资者提供激励,以补偿它们的投资所创造的非竞争性公共知识

林毅夫认为,通过上述过程确定的产业符合发展中国家的比较优势,可以让低收入水平的发展中国家在有效市场的基础上发挥作用。该方法对于中等收入水平国家同样适用。

虽然林毅夫提出方法主要用于指导发展中国家的产业政策设计,但是本书认为,此种思路与表述方法可以为产业扶贫精准性诊断所借鉴。根据产业扶贫精准性诊断的三个项目,综合相关文献与基础理论的成果经验,本书同样可以提出一套可用于产业扶贫精准性诊断的基本原则,将产业扶贫精准性诊断也具体表述为一个六步骤过程(见图6-3)。

步骤一,明确"症状"。将欠发达地区出现的一些特殊情况归结为问题("症状"),以引起研究者的重视。发展诊断如同医生诊病,首先关注病人本身暴露出的疾病症状。按照罗德里克的解释,发展中所有的问题都会由某些现象暴露出来。欠发达地区出现的特殊情况,往往是产

---

① 林毅夫:《新结构经济学》(第二版),北京大学出版社2014年版。

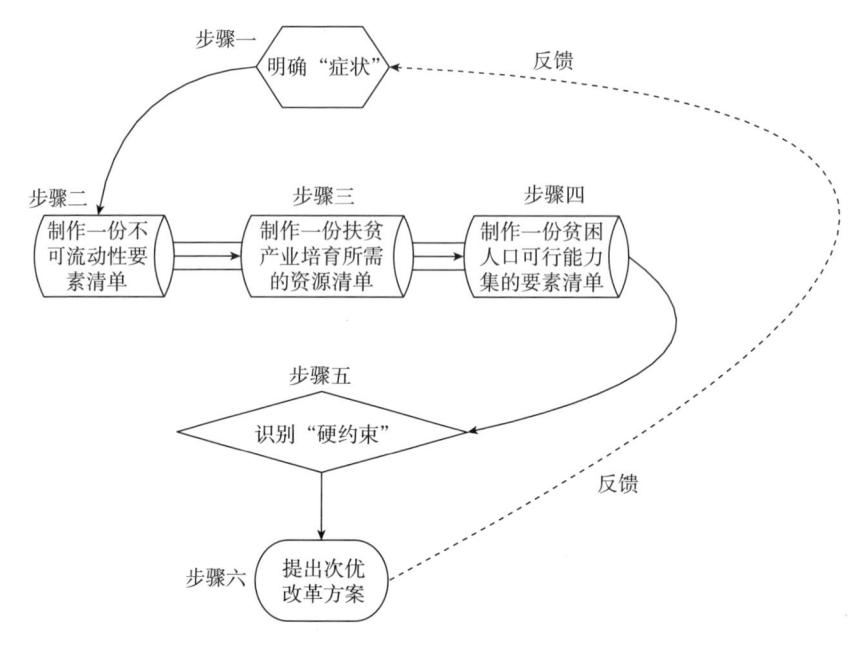

```
                步骤一
                 明确"症状" ←------反馈------┐
                  ↑                          │
                  │                          │
   步骤二          步骤三          步骤四      │
  ┌──────┐      ┌──────┐        ┌──────┐    │
  │制作一份│      │制作一份│      │制作一份│    │
  │不可流动│ ⇒   │扶贫产业│ ⇒   │贫困人口│    │
  │性要素 │      │培育所需│      │可行能力│    │
  │清单   │      │的资源清单│    │集的要素│    │
  └──────┘      └──────┘        │清单   │    │
                                 └──────┘    │
                                     │       │
                 步骤五                │       │
                 识别"硬约束" ←────────┘       │
                      │                       │
                      │          反馈          │
                 步骤六 ↓                      │
                 提出次优 ←---------------------┘
                 改革方案
```

图 6-3 六步诊断法

业扶贫缺乏精准性产生的问题的暴露，以此作为诊断的切入点，才能做到有的放矢。

步骤二，制作一份不可流动性要素清单。这些清单中涉及不可流动性要素范围应该尽量大一些，内容可以是自然条件类要素，也可以是人文资源类要素。这些要素应当能够体现区域特质，或为区域特有，或在短期内不易再生。分析是否存在由不可流动性要素引起的约束条件或发展优势。

步骤三，制作一份扶贫产业培育所需资源清单。该清单的内容按五类资本划分，并进一步将五类资本具体化为产业培育的基本要素——二级或三级指标，建立评价指标体系，分析是否存在资本的缺失或不足。

步骤四，制作一份贫困人口可行能力集要素清单。通过构造间接度量可行能力的工具性变量指标体系，比较产业扶贫开展前后贫困人口的可行能力的变化情况，诊断是否具有扶贫成效。

步骤五，识别"硬约束"。回到第一步的问题，结合第二步、第三步、第四步的要素分析情况，利用决策树分析法寻找产业扶贫缺乏精准性的原因，进而将其确定为"硬约束"条件。

步骤六，提出次优改革方案。从硬约束条件出发，提出提升产业扶贫精准性的可行途径。之所以是次优改革方案而不是全面改革方案，原因在于：一是从诊断层面看，产业扶贫精准性诊断针对的仅是欠发达地区表现出来的问题（症状），最终形成的次优改革方案也是针对于问题的解决思路，而不是追求提出一套完备的区域产业发展规划方案。二是从方案的角度与效率看，次优改革方案的优点是以较小的代价赢得更大的收益，这既符合欠发达地区产业变革中需要遵循"循序渐进"的基本思想，又与产业扶贫仅是诸多扶贫模式中之一的位置相符。

第四节 诊断要素与标准

根据产业扶贫精准性六步诊断法，需要进一步对诊断法中的第二个、第三个、第四个步骤中具体涉及的三类诊断要素细分，并提出判别标准。

一 不可流动性要素清单与诊断标准

六步诊断法的第二步，需要提出一份不可流动性要素清单。

（一）要素清单

结合涉及不可流动性要素的相关成果以及本书对于不可流动性要素内涵与外延的再讨论，本书拟定的不可流动性要素清单如下（见表6-2）：

表6-2　　　　　　　　不可流动性要素清单

一级指标	二级指标	三级指标
不可流动性要素	自然资源类要素	气候
		水资源
		土地
		特有动植物
		矿物能源
		特殊区位
		其他自然资源类要素

续表

一级指标	二级指标	三级指标
不可流动性要素	人文社会类要素	少数民族语言文字
		宗教文化
		地域特色技艺传承
		历史遗迹
		特殊政策
		其他人文社会类要素

（二）诊断标准

由于不可流动性要素可以构成产业扶贫项目的优势条件或发展桎梏，所以产业扶贫项目选择是否精准，可以以区位租的增值和耗散机制分别作为诊断标准。如果不可流动性要素成为产业扶贫项目的优势条件，就会出现区位租增值；反之会出现区位租耗散。

1. 诊断标准——区位租增值

产业扶贫带来的区位租增值机制主要通过三种形式发生作用：

第一种形式是通过扶贫产业发展引起区域内要素的稀缺性发生变化，从可流动性要素转化为不可流动性要素。这种转化通常建立在对区域内不可流动性要素的保护之上。例如，欠发达地区往往由于地处偏远，反而可能较好保持了某些"原产地"特性。如果通过合理的扶贫产业（产品）开发，在加强"原产地"保护的同时，将其转化为具有原产业标识，为市场认可的特色产品和产业，即可以获取不可流动性要素区位租值最大化。

第二种形式是通过扶贫产业发展带来的要素聚焦效应引起的"规模经济"或"范围经济"。在一定区域范围内，由于具有某种特有的区域属性，可以考虑发展为专业化产业区。例如，特殊的气候、土壤、水质、区位等优势使某些欠发达地区具备了一定的比较优势，这样造就了专业化产业区可以形成"规模经济"或"范围经济"的低成本（包括生产成本和交易成本）优势的空间黏性，最终使区位租增值。

第三种形式是由区域功能的多元化发展而带来的空间稀缺性。由于空间价值的二元性，所以区域在功能上也必然表现为空间场所与人的全面发展的基本需求的高度统一。随着人类活动空间范围的不断扩张，用于满足人的全面发展的基本需求的区域功能的稀缺性问题日益明显。例如，随着国家推进农业主体功能区规划，一些欠发达地区被划入"生态承载功能区"，这些地区原来依靠的传统农产品产出的生计模式将被"保护区""风景区"的新生计模式所替代。这也从一个侧面说明由于人的活动带来了生态家园需求的增加，致使这种特定区位的租金增值。

2. 诊断标准——区位租耗散

扶贫产业选择不当引起的区位租耗散机制也主要存在于公共领域，具体可以表现为以下三种形式：

第一种形式是"公地悲剧"式耗散。只要对公地资源的产权不能界定，由于私人承担的边际成本极低，在利益和从众心理的驱使下，单个经济主体就会倾向于无节制地增加投入。此时，单个主体的利益最大化行为选择的后果导致了对公地资源的损害，并最终引起对个体利益的损害。这种形式从区域属性来看，实质上是由于资源的配置方式不当，导致了区位租的耗散。事实上，在很多欠发达地区，正在由于在扶贫产业的选择时仅考虑了个体收益，从而造成了"公地悲剧"一再重演。

第二种形式是"产地环境退化"式耗散。土地肥力退化在种植业上是一种正常现象。所以个体生产需要为定期为土地补充肥力并使之有足够的时间休养生息，才能保护土地持久的产出效率。但是，形成产业之后，一旦土地的耕种者与所有者的身份出现分离，如果耕种者在合同期间仅以收益最大化为目标，就不一定考虑合同到期后的土地肥力问题。所以扶贫产业也可能由于自身无序开发或过度开发导致对生态环境的破坏，最终导致区位租耗散。

第三种形式是"区域功能分割"式耗散。随着发展对空间的极化，区域承担的主体功能将更加细致。此时，扶贫产业的跨区域分工与合作将成为跨区域产业价值链发展的常态。然而，由于区域间的竞合关系较为复杂，总会出现难以处理的利益纠纷。这种情况也同样导致了区位租的耗散。

所以，当引入区位租分述之后，产业扶贫项目选择精准性诊断，就转化成了对区位租的增值和耗散机制的整体审视。

二 扶贫产业培育所需资源清单与诊断标准

六步诊断法的第三步,需要提出一份扶贫产业培育所需资源清单。

(一) 资源清单

本书在借鉴产业竞争力理论与可持续生计策略理论等相关理论的基础上,拟定的扶贫产业培育所需资源清单如表6-3所示:

表6-3　　　　　　　　扶贫产业培育所需资源清单

一级指标	二级指标	三级指标
扶贫产业培育所需资源清单	物质资本	住房、生产工具、种子、肥料、农药、道路交通、运输工具、水利电力等能源设施、饮水与卫生设施、通信设施等
	人力资本	劳动力的健康、营养、教育、知识、技能、家庭的劳动力数量、质量、受教育水平、教育结构、技能传承、劳动分工等
	自然资本	耕地、森林、草场和动植物资源等,以及由此派生的生物多样性、水和水产资源、生态服务价值等
	社会资本	社会关系、各种正式和非正式的组织、扶贫政策等
	金融资本	资金、获得资金的渠道

增长诊断框架中的五类资本借鉴了可持续生计策略理论中的概念,本书从扶贫产业培育角度对五类资本的内涵进行了重新界定:

1. 物质资本

物质资本是指为扶贫产业培育而必须具备的一部分生活、生产资料以及一些基础设施。生活、生产资料主要是用于提高劳动生产效率的工具或设备,例如住房、生产工具、种子、肥料、农药等,获得方式可以是个人独自占有、有偿租赁或集体所有。基础设施在农业生产方面主要包括道路交通、运输工具、水利电力等能源设施、饮水与卫生设施、通信设施等,一般是以公共物品的形式存在。

2. 人力资本

人力资本是指以人本身为载体的由知识、技术、能力、健康等构成的综合素质或能力。在贫困人口个人层面,它是最为基础的能力获得条件,主要包括劳动力的健康、营养、教育、知识、技能等。在农户家庭层面，还包括家庭的劳动力数量、质量、受教育水平、教育结构、技能传承、劳动分工等。

3. 自然资本

自然资本主要指土地和在土地上附属的产出，如耕地、森林、草场和动植物资源等，以及由此派生的如生物多样性、水和水产资源、生态服务价值等。从形态上也可以划分为无形的自然资本（如大气、生态恢复系统、生物多样性、生态服务价值等）和有形的自然资本（如土地、水域、动植物等）。

4. 社会资本

社会资本主要包括社会关系、各种正式和非正式的组织、扶贫政策等。社会关系指个人或家庭生活中相互联系的非实体性结构，可以是亲缘关系、工作关系或其他社会关系。正式组织一般是登记在案的，具有一定结构形式的群体。在扶贫工作中涉及的各类型扶贫机构、监管组织等均是正式组织。非正式组织往往产生于一定的社会关系或共同的兴趣爱好等，它同样对于增进人们之间的相互信任、增进相互间的合作能力，具有重要的意义。在扶贫工作中，重视非正式组织工作经常具有重要的现实价值。

5. 金融资本

金融资本主要包括两个部分，一是资金，二是获得资金的渠道。资金投入是产业扶贫中必不可少的资源投入，从来源上可以分为财政投入、社会资金投入和个人资金投入。获得资金的渠道，主要是融通资金的手段，如信用贷款条件、银行和非银行贷款的便利性、民间资金融通的条件、扶持性和救济性资金获取的条件等。

（二）诊断标准

一直以来，虽然如何促进产业成长成为许多研究的主题，但是林毅夫认为，"没有一个特别关注如何在发展中国家内甄别出可能具有潜在比较优势的产业"的理论，而"建立在不符合本国比较优势基础之上的发展战略会导致失败"。

在缺乏诊断框架的情况下，现有相关研究大都倾向于寻找改善商业环境和基础设施的方法，原因在于此二者影响着产业培育的运营成本和交易成本。关于产业培育经济成效有定量数据可供分析。关于产业培育所需资源的调查可以用于刻画产业运行其中的政策和制度环境，但是必须考虑由于个人对福利看法的主观性，可能导致被误用和曲解。可以采用典型调查与大数据分析相结合的方法，对调查对象被要求为影响产业培育所需资源的每项资本进行打分，用以反映它们对产业培育的阻碍程度。如果某一项资本的评分均值较高，就被理解为这一方面资本的阻碍较严重。

但是林毅夫认为事实可能并非如此。因为尽管贫困人口对其扶贫产业业务流程和经营环境很熟悉，但他们可能不能充分意识到主要问题的真正根源，反而把另一些较不明显的问题的症状错误地当作是他们面临的约束。此外，被调查对象被要求列出自己认为最重要的约束，还有对各种约束进行排序，也是调查结论存在差异的重要原因。

鉴于相关研究的不足，本书认为扶贫产业培育所需资源诊断必须综合考虑区域、产业和贫困人口个体的异质性。在本书提出的产业扶贫精准性诊断框架中，它基于这样一种思想：当亟待改革的一长串扶贫产业培育所需资源清单被列出之后，决策者应当找出一到两个制约产业培育的最大障碍，并着力弥补。这一诊断框架采用了决策树法。这一方法首先就产业培育所需资源进行分类，结合产业培育不佳的"症状"表现，识别这些资源中，哪一个能更准确地解释问题产生的原因。使用这一框架突出了这样一个事实：在欠发达地区，扶贫产业培育不佳应当确定产业所需资源投入不足的原因，同时也必须解释为什么会存在这些资源的投入不足，进而找出解决的办法。产业扶贫精准性诊断框架试图将产业成长理论的研究向前推进一步，将分析降至产业培育所需资源层面，实现对贫困人口生计问题的关注。

三　贫困人口可行能力集要素清单与诊断标准

六步诊断法的第四步，需要提出一份贫困人口可行能力集要素清单。阿玛蒂亚·森的可行能力理论中并没有给出度量可行能力的指标体系。原因在于，既然可行能力是对人的本质性自由的表达，是贫困人口发展的终极目标，那么对可行能力的概念就只能从自由和发展的角度来理解，所以直接给出可行能力的度量指标体系既是无意义的，也是不可能的。笔者认为，虽然阿玛蒂亚·森没有直接给出度量可行能力集的具体要素构成，但是他提出了用于帮助实现可行能力的五种工具性自由，可以据此间接度量由区域政治、经济、社会环境改善可为增加可行能力提供的便利条件。

(一) 要素清单

按照阿玛蒂亚·森提出的五种工具性自由：政治自由、经济条件、社会机会、透明性担保和防护性保障，结合产业扶贫精准性诊断框架，本书构建了贫困人口可行能力集要素清单的指标体系如表 6-4 所示。

表 6-4　　　　　　　　贫困人口可行能力集要素清单

一级指标	二级指标	三级指标
贫困人口可行能力集要素	政治自由	选举权、知情权、宗教信仰自由、农民工的权益保障、社会弱势群体的权益保护等
	经济条件	个人拥有对劳动、土地、知识、工具、资本等能力和资源的自由配置能力和权利
	社会机会	个人享有的教育、医疗、失业保障等基本公共服务水平
	透明性担保	个人信用记录、监管，信用的发布，信用的知情权等
	防护性保障	对突发性灾害、因病致贫等现象的社会性帮扶机制

1. 政治自由

阿玛蒂亚·森在对于贫困与饥荒问题的研究中曾提出这样一个命题：作为专制国家的统治阶层，由于他们自身不会面临饥荒（或其他类似的经济灾难）问题，所以通常缺乏对这些问题采取及时防范措施的动力。而在民主国家，由于必须通过民众的支持来赢得选举，还要面对反对党的批评，所以它有着足够的防范饥荒（或其他类似的经济灾难）问题的动力。其中包含三个命题：一是自由、民主，它们如同其他对发展有益的因素（如对国际市场开放、注重教育）一样，也是促进发展的。二是发展与民主之间从来不是对立的，而专制政府从来不给予民众自由选择民主的权利，在这些国家和地区，人民始终为了获得民主权利而斗争。三是亚洲传统文化中都包含着自由、宽容、平等的因素。中国特色的社会主义制度本身的优越性，使人民拥有了最广泛、最真实、最管用的民主。但是在一些具体的社会问题方面，例如在农民工的权益保障、社会弱势群体的权益保护等，仍然需要积极探索出一套长期有效的体制机制。

2. 经济条件

经济条件是指个人拥有的将能力和资源运用于经济交易活动（消费、生产、交换和消费）的机会。在市场机制下，可以将不同人口所拥有各种能力或资源（如劳动、土地、知识、工具、资本等）以自由组合的方式加以优化配置。而在发展中国家，由于市场机制还处于发展阶段，所以反而可能成为对人的能力和资源有效参与经济活动的束缚。所以，阿玛蒂亚·森认为人的自由才是根本性的，自由本身是超越了效率、经济利益的。自由是发展的，发展就是自由的扩展，而不能只限于市场效率。用"实质自由"可以来衡量市场机制所达到的"帕累托最优"，这才是市场与自由之间的更基础的关系。阿玛蒂亚·森专门强调要通过公共行动来创造条件，即由公共行动创业的机会可以被合理分析。但这种情况必须建立在适当的公共政策之上（如更普及的义务教育和社会保障、推进土地改革措施等），以及涉及某类经济活动（如农业生产）的头等重要的资源（如土地）的利用。涉及对于利用经济改革来拓宽市场经济的实用空间等问题时，都必须遵循于细致而坚决的公共决策行动。

3. 社会机会

社会机会指在人口在受教育和享受保健、保障等方面的社会制度安排。它们同样也构成了个人享受更好生活的实质自由的重要组成部分。教育的普及是经济获得持久发展的强大动力，过低的受教育程度将会是贫困人口摆脱低生计境遇的最大阻碍，因为他们将无法参与那些具有严格生产标准和需要协同作业的经济活动。类似地，过低的受教育程度也使他们无法与人进行书面交流，政治的参与能力也较差。

4. 透明性担保

透明性担保指人们在社会交往中需要的信用，它取决于是否能够确保交往过程的公开性、信息发布的及时性，以及发布信息的准确性。信用制度是市场机制赖以存在的一个基础条件，即交易双方总是期望交易信息本身是真实的，并且在整个交易过程中能够信守承诺。普通交易者只能预期政府能够为信用的真实性提供保障和监管，对政府本身怀有绝对的信任，这也是政权稳定的重要基础条件。一旦缺乏这种信用，社会秩序也将无法维持正常。所以，透明性担保同样是个人实质性自由的重要组成部分，也同时是获得全面发展的重要手段之一。它不但与健全的市场机制紧密相连，依赖于市场基础设施构建与行为规范的确定，而且也与政治民主之间极为紧密相连。

5. 防护性保障

防护性保障是指为那些遭受自然灾害、经济动荡或其他突发性困难（如失业、大病等）的人，以及收入在贫困线以下，老、弱、病、残的人给予的社会性帮扶行动。在发展中国家，建立防护性保障更应当属于一项基本的公共服务范畴。对于处于生活困境中的人提供帮忙，无论是提供直接的生活必需品，还是改善其生活条件，都是提升其实质自由的重要举措。所以，防护性保障不仅是"福利国家"中的经济举措，同时也是民主制度的集中体现。建立防护性保障的关键在于，一是要有制度性的渠道把民众（特别是弱势群体）的疾苦及时反映出来，二是要有政治性机制把解决民众的疾苦作为一项经常性的任务。

（二）诊断标准

对于贫困人口可行能力集要素的诊断，阿玛蒂亚·森对于五种工具性自由的表述仅是高度概括性的，在实际应用中还需要结合欠发达地区的客观条件和基本数据资源的获得情况，转化为具体指标加以度量。最简单的诊断标准是：通过比较产业扶贫前后项目区五种工具性自由（三级指标）情况，如果有较大提升，那么说明产业扶贫成效显著，具有精准性。

第五节　小结与启示

本章给出的产业扶贫精准性的定义，只是一个一般性理解，要理解其生成问题，还必须结合区域属性进行结构化分析，对产业扶贫精准性诊断三个方面之间的层面性和相互性开展复合研究，以求在整体上形成对特定区域的产业扶贫精准性生成环境和价值判断。

按照这一思路，可以把产业扶贫精准性的生成条件看作特定区域由区域属性"硬约束"，由自然资本、物质资本、社会资本、人力资本和知识资本提供产业成长支撑，由可行能力集决定最终目标的功能性结构。显然，把产业扶贫精准性诊断转化为由不可流动性要素、五类资本和可行能力集共同构成的区域功能性结构，坚持了区域发展下功能的永续性与人的全面发展的双重目标的思考路径。由此，在整体上形成了产业扶贫活动的基本条件和根本目标。这些基本条件对产业扶贫而言，既是约束条件，又是发展基础。从而在整体上决定了特定空间范围的人的可行能力集的状况。

从产业扶贫精准性诊断的生成条件看，对于不同的区域而言，不可流动性要素、五类资本和可行能力集的构成均是不同的，这种构成上的差异也正是区域特质的另一种集中反映。简言之，产业扶贫精准性的核心就是不可流动性要素、五类资本和可行能力集之间的契合。进一步而言，产业扶贫精准性诊断就是在产业选择上充分重视不可流动性要素，在产业培育中弥补五类资本的缺失，从而最终获得贫困人口可行能力集的提升。由此，一个较完整的结论就是明确产业选择、分析资本"短板"和评价可行能力构成了产业扶贫精准性诊断的"三位一体"的理论分析框架。在这一过程中，区域属性是决定性的，是产业扶贫精准性诊断的前提，是判断扶贫成效不可缺少的约束条件。

第七章　民族地区产业扶贫精准性模型分析

本章构建了三个模型，用于验证产业扶贫精准性诊断框架的合理性，分别针对三个核心概念——区域属性中的不可流动性要素、可行能力集、区域发展的二重目标进行实证分析。其中，生态承载力模型分析，实证了民族地区贫困县区不可流动性的变化情况；减贫成效度量模型分析，实证了民族地区可行能力的工具性变量指标体系对于解释减贫成效的优势；减贫成效与区域属性的交互耦合模型分析，分别从耦合度以及胁迫约束效应两个方面，实证了民族地区区域发展能力与可行能力之间的耦合关系。

第一节　宁夏回族自治区生态承载力模型分析

区域属性的二重性要求必须关注人与自然的和谐发展关系。一方面，自然条件是导致贫困的主要原因之一；另一方面，区域的生态承载力直接关系到贫困人口的持续生计能力。本节利用生态承载力模型，以宁夏回族自治区8个国家级重点扶贫县为基本研究单元，测算各贫困县区的生态承载力状况。以此说明区域属性下倡导绿色扶贫模式的重要意义和紧迫性。

一　生态承载力模型

本节选择了生态足迹方法用于测算生态承载力。生态足迹分析法（Ecological Footprint Analysis）是1992年加拿大经济学家Wackernagel

和 Rees 提出的一种度量可持续发展程度的生物物理方法，即基于土地面积的量化指标。生态足迹的计算基于两项基本假设：人类可以确定自身消耗的大多数资源及其所产生的废弃物的数量；这些资源和废弃物能转换成相应的生物生产面积。由此假设出发，任何已知区域范围的生态足迹就是其占用所消费的资源和处理所产生的废弃物所需要的生态生产性土地的总面积。根据生产力大小的差异，地球表面的生态生产性土地可分为化石能源地、可耕地、牧草地、森林、建筑用地和水域六大类，这六种土地类型在空间上被假设是互斥的。生态足迹法从需求角度计算生态足迹的大小，从供给角度计算生态承载力的大小，通过对两者的比较，评价研究对象的可持续发展的状况。[①]

生态足迹计算步骤：将不同的资源和能源消费类型均被折为耕地、草地、林地、建筑用地、化石燃料用地和水域六种生态生产性土地面积类型；考虑到六类土地面积的生态生产力不同，将计算得到的各类土地面积乘以一个均衡因子（Equivalence Factor）；从比较需求角度和供给角度计算出生态生产性土地总面积的大小，当供给（生态承载力）大于需求（生态足迹）时，称为生态盈余；反之，称为生态赤字。

计算公式如下：

$$EC = N_{ec} = N\sum a_j b_j f_j \qquad (7-1)$$

$$EF = N_{ef} = N\sum \frac{c_i}{y_i}, i = (1,2,\cdots,n), j = (1,2,\cdots,6) \qquad (7-2)$$

在式（7-1）、式（7-2）中，EC 表示总生态承载力，ec 表示人均生态承载力，EF 表示总生态足迹，ef 表示人均生态足迹，i 表示交易商品的种类，j 表示生态生产性土地面积类型，c_i 和 y_i 分别表示第 i 种商品的人均消费量和全球平均产量，N 为评价区域人口数，a_j 表示人均土地面积，b_j 表示均衡因子，f_j 表示当地产量因子。

用于生态足迹测算的主要参数如表 7-1 所示。各县区土地产量因子结合表中相似地区产量因子进行了折算。

---

① 刘某承、李文华、谢高地：《基于净初级生产力的中国生态足迹产量因子测算》，《生态学杂志》2010 年第 3 期。

表 7-1　　　　　　　　生态足迹测算的主要参数

生物资源全球平均产量			
名称	全球平均产量	名称	全球平均产量
粮食	2744	牛肉	33
油料	1856	羊肉	33
蔬菜	18000	牛奶	502
瓜果	3500	禽蛋	400
猪肉	74	—	—
能源资源全球平均产量需求账户			
名称	全球平均产量		折算因子
煤炭	55		20.934
各地区土地的产量因子及均衡因子对照			
生态承载力总需求	世界产量因子	中国产量因子	宁夏产量因子	均衡因子
耕地	1.49	1.74	0.46	2.8
林地	0.8	0.86	0.50	1.1
草地	2.19	0.51	1.13	0.5
水域	1.00	0.74	1.13	0.2
建筑用地	1.49	1.74	1.49	2.8
化石燃料用地	0	0	0	1.1

注：谢宏宇、叶慧珊：《中国主要农产品全球平均产量的更新计算》，《广州大学学报》（自然科学版）2008年第1期。

在此以盐池县 2014 年数据为例，说明生态赤字的估算过程，如表 7-2、表 7-3 所示调整后的总生态足迹与总生态承载力的差额，即为该县区的生态赤字情况。各国家级扶贫重点县生态赤字计算结果如表 7-4 所示。

表 7-2　　　　　　　　2014 年盐池县生态足迹账户

生物需求账户			
项目	总需求	人均需求	人均生态足迹	调整后人均生态足迹
粮食	105951	38611.8805	0.2532	0.7089

续表

生物需求账户			
项目	总需求	人均需求	人均生态足迹	调整后人均生态足迹
油料	12205	6575.9698	0.0431	0.1207
蔬菜	2697	149.8333	0.0010	0.0028
瓜果	14630	812.7778	0.0053	0.0059
猪肉	0.46	62162.1622	0.4076	0.2038
牛肉	0.01	1351.3514	0.0089	0.0044
羊肉	1.36	412121.2120	2.7024	1.3512
牛奶	0.62	12350.5976	0.0810	0.0405
禽蛋	0.08	2000	0.0131	0.0066
生物总生态足迹	2.4447		

能源需求账户	
人均能源产出（标准煤）	8.6430
能源总生态足迹	180.9320
能源总生态足迹（调整）	3.2897
总生态足迹	5.7344

表7-3　2014年盐池县生态承载力账户

项目	总面积	人均生态承载力	调整后的人均生态承载力
耕地	101964	0.6686	1.8721
园地	627	0.0041	0.0045
林地	91418	0.5994	0.6594
牧草地	370598	2.4301	1.2150
建筑用地	17833	0.1169	0.3274
总生态承载力	4.0785		
调整后的总生态承载力（扣除12%）	3.5890		

表7-4　2007—2014年宁夏国家级扶贫重点县生态赤字估算

年份 县区名称	2007	2008	2009	2010	2011	2012	2013	2014
盐池县	0.4071	0.2085	-0.4549	-1.1333	-1.7187	-1.9707	-2.0308	-2.1454

续表

年份 县区名称	2007	2008	2009	2010	2011	2012	2013	2014
同心县	-0.7554	-1.0058	-1.6090	-2.3398	-2.9102	-3.1162	-3.2999	-3.8028
原州区	-1.4313	-1.5344	-2.0769	-2.6745	-3.2380	-3.5186	-3.6185	-3.5144
西吉县	-1.4076	-1.6122	-2.1359	-2.6903	-3.2302	-3.5143	-3.6648	-3.3292
隆德县	-1.5634	-1.9398	-2.5031	-3.0258	-3.5253	-3.7663	-3.8113	-3.5235
泾源县	-1.3151	-1.5076	-2.0415	-2.5229	-3.0220	-3.2160	-3.2898	-3.1191
彭阳县	-1.6159	-1.8158	-2.4417	-3.1211	-3.6073	-3.8778	-4.0571	-3.6418
海原县	-0.7917	-1.0815	-1.5915	-2.1487	-2.6801	-2.9737	-3.0882	-2.9743
平均值	-1.0592	-1.2861	-1.8568	-2.4570	-2.9915	-3.2442	-3.3576	-3.2563

二 生态承载力变动趋势

生态足迹方法虽然可以用于判断生态承载力水平，但是由于没有引入时间变量，所以只是一种静态的评价方法。因此，为了更加客观地掌握生态承载力的变动趋势，本节进一步引入两种时间动态模型："变化速率"模型和"剪刀差"模型。

（一）"变化速率"模型

时间尺度上的多项式一般用于模拟和描述在一个长时间序列中相应数据的动态规律，其曲线在给定时刻的斜率就是数据的变化速率。对于生态足迹与生态承载力在时间尺度上的变化，可以采用如下多项式来描述：

$$EF(t) = a_0 + a_1 t + a_2 t^2 + \cdots + a_t t^n \quad (7-3)$$

$$EC(t) = b_0 + b_1 t + b_2 t^2 + \cdots + b_t t^n \quad (7-4)$$

式（7-3）、式（7-4）就是生态足迹和生态承载力的一般时间动态模型。对两式分别求一阶导数，可以得到生态足迹和生态承载力在给定时间的变化速率，以反映两者在某一时间的变化趋势。

（二）"剪刀差"模型

"剪刀差"可以用描述生态足迹和生态承载力动态趋势的曲线之间的夹角的大小来表征。用于综合反映两者的变化趋势。计算方式如下：

$$\alpha = arccos \frac{1 + EF'(t_0) \cdot EC'(t_0)}{\{1 + [EF'(t_0)]^2\}^{\frac{1}{2}} \{1 + [EC'(t_0)]^2\}^{\frac{1}{2}}} \quad (7-5)$$

"剪刀差"分析法可以看作在变化速率分析法基础之上的进一步分析,如式(7-5)所示,α为生态足迹曲线与生态承载力曲线间的夹角,其值即为"剪刀差"值。α值越大,表明两者的变化趋势差异更加明显,当α值越接近于0,表明两者变化趋势差异越不显著(见图7-1)。

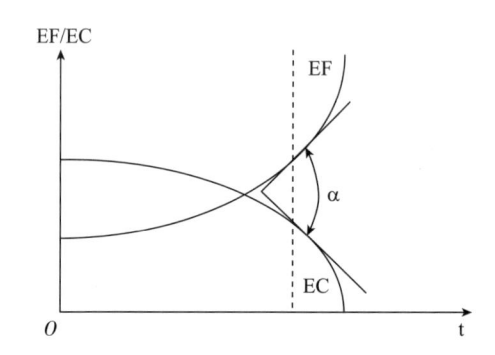

图7-1 生态足迹和生态承载力趋势线和"剪刀差"

(三)估算结果

利用式(7-3)和式(7-4)对宁夏回族自治区8个国家级少数民族扶贫重点县的生态足迹和生态承载力进行模型拟合,可以得到生态足迹和生态承载力的"剪刀差"模型:

$$\alpha_2 = arccos \frac{1 + (-0.019 + 0.008t) \times (0.849 - 0.512t + 0.045t^2)}{[1 + (-0.019 + 0.008t)^2]^{\frac{1}{2}} \cdot [1 + (0.849 - 0.512t + 0.045t^2)^2]^{\frac{1}{2}}}$$

(7-6)

利用式(7-6),可以得到宁夏的生态承载力趋势分析结果(见表7-5)。从表7-5可以看出宁夏在2007—2008年生态承载力有所好转,但从2009年之后,开始出现了生态足迹与生态承载力的背离趋势。

表7-5　　　　　　　宁夏生态承载力的变化趋势

年份	人均生态足迹变化速率	人均生态承载力变化速率	"剪刀差"
2007	-0.011	0.382	0.376
2008	-0.003	0.005	0.008
2009	0.005	-0.282	0.280

续表

年份	人均生态足迹变化速率	人均生态承载力变化速率	"剪刀差"
2010	0.013	-0.479	0.460
2011	0.021	-0.586	0.551
2012	0.029	-0.603	0.572
2013	0.037	-0.530	0.524
2014	0.045	-0.367	0.397

对宁夏2015—2020年的生态承载力变化趋势进行预测，结果如表7-6所示。宁夏的人均生态承载力变化速率由2016年之后开始出现正值，说明生态承载力有显著好转，但是"剪刀差"值显示人均生态足迹与人均生态承载力间的背离趋势仍将拉大。

表7-6　　2015—2020年宁夏生态承载力的变化趋势预测

年份	人均生态足迹变化速率	人均生态承载力变化速率	"剪刀差"
2015	0.053	-0.114	0.166
2016	0.061	0.229	0.164
2017	0.069	0.662	0.516
2018	0.077	1.185	0.793
2019	0.085	1.798	0.978
2020	0.093	2.501	1.098

三　小结

本节利用生态足迹法对宁夏回族自治区国家级扶贫重点县的生态承载力进行了判断。可以得出以下结论：

第一，在整个样本期间，各少数民族国家级扶贫重点县的生态压力逐年增大。宁夏回族自治区国家级扶贫重点县生态赤字平均值从2007年的1.0592增加到2014年的3.2563。说明在一定程度上，重点县区并没有实现绿色增长，而是以牺牲生态环境为代价获得贫困人口收益增加。

第二,能源需求的快速增长显著加大了贫困县区的生态承载压力。宁夏回族自治区贫困县区 2007 年生态承载力的能源人均需求仅为 1.6052,2014 年显著增长为 3.2897,大幅增加了贫困县的生态承载压力。

第三,从 2015—2020 年的生态承载力预测情况看,贫困县如果不改变之前的发展模式,不引起对不可流动性要素的充分重视,生态承载力将会更为恶化,难以获得可持续的扶贫成效。

第二节 宁夏回族自治区减贫成效度量模型分析

本节主要通过对不同的减贫指标进行比较,实证分析采用可行能力的工具性自由构建指标体系,用于测算减贫成效的优势与可行性。

贫困问题的一项重要研究内容就是对于贫困程度的判定。贫困程度的判定取决于采取何种度量方式。贫困度量不单纯是一个经济问题,而是介于经济学与哲学、社会学之间的交叉分析领域。近年来,国外学者的相关研究表明,应该存在一组基础性的公理条件。在此之下,如果一组贫困度量指数服从于上述公理,就会提出具备普适性的贫困度量方法。具体而言,对"贫困程度"可以有两种理解:一是标准化的贫困人口规模,二是非标准化的指标体系判别。前者作为"中心"概念,后者作为"辅助"概念。首先探讨如果缺乏对这两种概念的区分而可能导致的贫困度量结果的差异。

一 基本公理的概念模型

定义一个贫困函数 $P(x, z)$,其中,x_i 为个人收入($i = 1, \cdots, n$),z 代表贫困线(标准化的收入水平),当且仅当 x 小于 z 时,任何 i 将被认定为贫困人口。

在假定的贫困指数中,对于所有的收入向量 x,y 和任意贫困线 z,如果 x 是 y 的一个序列,那么 $P(x, z) = P(y, z)$。对于给定的 x 和 z,$n(x)$ 代表 x 的维度;xP^z 表示在分向量上的贫困收入;xN^z 表示在分向量上的非贫困收入;$xN^z = \Phi$ 意味着向量 x 仅包括贫困收入;同理,$q(x, z)$ 适用于 xP^z 的维度。

最基本的度量贫困方法是直接统计人口总量中的贫困人口数。如贫困人口比率（H）和贫困人口规模（A），即对于任何可能的组合 x 和 z，都存在：$H(x, z) = q(x, z)/n(x)$；$A(x, z) = q(x, z)$。然而指数 H 和 A 违反了单调性公理，也不满足弱传递性公理。因为 H 和 A 不会因为一个贫困人口的收入下降而变化，也不随传递性公理中所设想的收入转移而变化。满足单调性的贫困度量基本方法是收入缺口比率（I）和人均资本收入缺口比率（R）。其中，对于任何可能的 x 和 z 的组合，$I(x, z) = [z - \mu p(x, z)]/z$；$R(x, z) = [q(x, z)/n(x)] \cdot [z - \mu p(x, z)]/z$。

归纳国外的相关研究成果，主要涉及四种度量贫困的基本公理：

（一）强核心公理（Axiom Strong Focus）

对于任何一对收入向量 x 和 y，以及任何贫困线 z，如果 $xP^z = yP^z$，那么 $P(x, z) = P(y, z)$。

按照强核心公理，给定任意贫困线 z，如果有两个收入向量在各自的贫困收入子向量方面相等，那么这两个贫困程度被判定为相同。这一判断是基于合理性概念，如阿玛蒂亚·森提出，"贫困度量应针对贫困的特殊群体，而不是一个国家的普遍性贫困问题"。在此基础上，阿玛蒂亚·森提出了一个强核心公理的弱化表达——核心公理，它要求任何两个共用相同判断贫困收入子向量的向量有相同的贫困程度，且维数相同。核心公理强调了在贫困线以上的人口收入水平的例外性，即只是针对有贫困特征的部分人口的贫困度量，而不是针对整个国家的普遍性贫困。换言之，核心公理是一个聚焦收入性公理，可以自然地将其关注范围瞄准至重点人口。

（二）弱化贫困增长公理（Axiom Weak Poverty Growth）

对于任意一组收入向量 x 和 y，以及贫困线 z，对于非负实数 x_o 和正整数 q，如果 xP^z 是 q 维向量 $(x_o, \cdots, x_o)$；yP^z 是 $(q+1)$ 维向量 $(x_o, \cdots, x_o)$；同时 $xN^z = yN^z \neq \Phi$；那么 $P(y, z) > P(x, z)$。

弱化贫困增长公理是对"人口单调性"有进一步要求的贫困增长

公理的弱化版。① 在其他条件相同的情况下，贫困增长公理认为，总人口中每增加一个贫困人口将会加重贫困程度。从表面上看似乎合理，但却存在争议。因为，可能会出现一种特殊情况：假定一开始将全部人口都设定为贫困状态，那么即使增加一个贫困人口仍然会使贫困人口比率保持不变。然而，需要明确的是，H 指数会随着某一贫困人口收入的增加而增大，而假使额外的收入恰巧高于贫困人口的初始平均收入，又会导致 I 值下降。换句话说，同样用于测量贫困程度的三项指标，I 值的下降伴随着 H 值的上升，进而导致 R 值的下降。在这种情况下，贫困增长公理将被违反。为了避免这种情况发生，贫困研究者提供了一种符合更为广泛利益，且妥善、谨慎型的贫穷增长公理——弱化贫困增长公理。弱化贫困增长公理给定了在总人口中至少存在一个非贫困人口的限制（在公理中被表述为 $xN^z = y, N^z \neq \Phi$）。如果对于弱化贫困增长公理被进一步弱化，甚至可以产生一种"稀释"贫困增长公理（Axiom Diluted Poverty Growth），如仅考虑贫困人口收入（x'），其低于初始状态下 q 维贫困人口的收入水平 x_o。

（三）复制不变性公理（Axiom Replication Invariance）

对于任何一对收入向量 x 和 y，给定任意贫困线 z 和任何正整数 k，如果 $y = (x, \cdots, x)$（设有 k 个 x），那么 $P(x, z) = P(y, z)$。

复制不变性公理就其属性而言，主要考虑了贫困措施应该如何应对针对一项收入分配进行任意 k 倍的复制问题。该公理已经被广泛使用且被认为是确定贫困指数的一项基本属性。② 复制不变性公理确保了贫困指数能够从人均角度来看待贫困，以确保在标准化人口水平下，"贫困程度"能够作为"被聚焦"的中心的最佳状态，并确保在不同人口规模下的比较同样是适用的。③

（四）复制伸缩公理（Axiom Replication Scaling）

作为复制不变性公理的进一步拓展，复制伸缩公理假定认为，对于

---

① Kundu, A. and Smith, T. E., "An Impossibility Theorem on Poverty Indices", *International Economic Review*, 1983 (24): 423 – 434.

② Shorrocks, A. F., "Aggregation Issues in Inequality Measurement", in Eichhorn, W. (ed.), *In Measurement in Economics*, Physica – Verlag, 1988: 429 – 451.

③ Foster, J. and Shorrocks, A. F., "Subgroup Consistent Poverty Indices", *Econometrica*, 1991 (59): 687 – 709.

任何一对收入向量 x 和 y，任何贫困线 z 和任何正整数 k，如果 $y = (x, \cdots, x)$（设有 k 个 x），那么 $P(y, z) = kP(x, z)$。

二 基本公理的讨论

由于任何贫困度量的方法都难以同时满足上述全部四项公理，所以对于贫困度量中如何遵循这些公理，本节将进一步讨论。

（一）公理间的取舍

考虑以下三种收入分配：$a = (1, 3)$，$b = (1, 3, 3)$，$c = (1, 1, 3, 3)$；设贫困线 $z = 2$。根据强核心公理，有 $P(b, z) = P(a, z)$；根据复制不变性公理，注意到 c 只是 a 的二次复制，有 $P(a, z) = P(c, z)$；那么必然可以推出结论 $P(b, z) = P(c, z)$。然而根据弱化贫困增长公理，得到 $P(c, z) > P(b, z)$，所以与之前结论相矛盾。可以证明没有贫困指数能够同时满足强核心公理、弱化贫困增长公理和复制不变性公理。如果遵从复制不变性公理，将无法使贫困指数同时满足强核心公理与弱化贫困增长公理，这之间必须有一个取舍。

（二）"不聚焦"与"被聚焦"型度量指数

可以证明存在一定的贫困指数能够同时满足强核心公理、弱化贫困增长公理和复制伸缩公理。例如，贫困指数 A，即可同时满足以上三条公理。然而值得注意的是，从某种意义上讲，一项贫困指数（例如，贫困指数 A），对于在社会中要面对现实贫困问题而言，可能意义并不显著。假设出现这样一种情况：对于给定的贫困线 z，向量 a 和 b 分别表示贫困人口的收入水平 x_1 和非贫困人口的收入水平 x_2。考虑两种情况：第一种情况是在总数为 100 个的人口中，有 99 个是贫困人口，第二种情况是总数为 10000 个的人口中，有 100 个是贫困人口。既然 $A(b, z) = 100 > 99 = A(a, z)$，根据指数 A 的定义，第二种情况下的贫困程度高于第一种情况，尽管第一种情况的贫困人口比重是 99%，第二种情况的贫困人口比重仅是 1%。这种度量结果的不适用性即可看作是采取彻底的不聚焦（uncompassed）型度量指数的代价。

当然，也可以采用被聚焦（compassed）型的贫困度量观点，如复制不变性公理、强核心公理或弱化贫困增长公理的弱化版本——"稀释"贫困增长公理。可以证明，由强核心公理到弱化后的核心公理，由弱化增长公理到弱化后的稀释贫困增长公理，可以得出一些基本推论。首先，存在某些贫困指数（如指数 H 和 R）同时满足核心公理、弱化贫困增长公理和复制不变性公理。其次，存在某些贫困指数（如指数 I）同时满足强核心公理、稀释贫困增长公理和复制不变性公理。

（三）核心公理与强核心公理

虽然核心公理是任何贫困指数必须具备的属性，被视为对贫困人口状况的基本描述。但是如之前所述，如果想要获得某种"选区"原则下的特定动机，将核心公理强化为强核心公理，例如在拒绝使用"人口聚焦"的同时，又选择以"收入"为焦点，肯定存在问题。① 可以用以下的例子说明违反核心公理的具体后果。

考虑一个两人分配函数 $a=(1,3)$，贫困线 $z=2$。假定贫困是由指数 H 来衡量（显然，该指数违反强核心公理），可以得到 $H(a,z)=1/2$。再考虑一组向量 $a'=(1,3,\cdots,3)$（其中收入水平 3 被复制 k 次），那么，可以得到 $H(a',z)=1/(k+1)$。可以注意到，随着 k 值的不断增大，H 值在不断减小。通过简单的补充非贫困人口，H 值可以任意缩小。按照这种思路，只要通过无限的增加非贫困人口数，贫困可以被简单地根除，而不需要采取任何减少贫困的措施。所以用此类指标来衡量贫困也没有说服力。

（四）弱化与稀释贫困增长公理

是否可以认为，弱化贫困增长公理仅是稀释贫困增长公理无意义的增强版呢？而在大量使用的后者所包含的仅有的一点信息（如每天 1 美元的贫困标准）是否在现实中确实有助于指导扶贫政策？事实上，指数 I 满足稀释贫困增长公理，然而阿玛蒂亚·森却提出了它的一个"破坏性的局限"，即它不聚焦贫困人口的数目和比例，仅关注于贫困整体在短期的下降。在某种意义上，拒绝进一步放松稀释贫困增长公理，是对此类贫困指数在长期中的度量实践产生了怀疑。

简言之，违反稀释贫困增长公理不是一个衡量贫困的直观方式。具体而言，即便同时处于被聚焦的关于贫困程度的观点中，还需要根据贫

---

① Broome J., "The Welfare Economics of Population", *Oxford Economic Papers*, 1996 (48): 177 – 193.

困研究的现实问题做出选择。例如，如果认为选择弱化贫困增长公理比强核心公理更适宜，只是表明在贫困衡量中，仅考虑了收入的分配，而忽视了贫困分组人口的相对规模。此外，使用贫困指数 I，表明倾向于使用人均差距这一概念。相反，如果认为选择强核心公理比弱化贫困增长公理更适宜，即倾向于使用贫困指数 H，这与在一个社会中陷入贫困的可能性有关；或者使用贫困指数 R，即强调了普通人口的人均贫困程度，而不仅限于贫困人口本身。

三 实证分析

按照一般理论和经验证据，减贫可以通过加速经济增长或改变贫困人口的收入分配来实现。然而，大量的研究表明，这并不意味着每一个国家（或地区）的每一次平均收入的增长一定可以带来贫困人口收入的增加。① 在确定贫困变动指数选择中，主要存在三种观点：

第一种观点认为，只要使贫困人口收益增长，即为亲贫式增长。② 最有代表性的是世界银行在《1990 年世界发展报告》中以 1985 年为基期提出的每人每天 1.01 美元，之后根据不同的基期年份，先后调整为 1993 年 1.08 美元，2005 年 1.25 美元，2011 年 1.9 美元。再如，中国 2011 年明确使用的 2536 元农村贫困标准等。③ 由类似指数确定贫困线，从而得到贫困人口数量，遵循了稀释贫困增长公理。目前，中国每年 1000 万人的减贫目标，同样是以此类指数进行度量。采用此种观点设定的贫困度量绝对性指标虽然具有较好的数据可得性和可比性，但是也最容易受货币等宏观政策因素的影响，且无法包含"共同富裕"目标，其局限性显而易见。

第二种观点认为，只有贫困人口的收入增长快于非贫困人口的收入

---

① 李秀芬、姜安印：《亲贫式增长刍议：论少数民族地区的扶贫政策取向》，《中国人口·资源与环境》2017 年第 1 期。

② Ravallion M., "Growth, Inequality and Poverty: Looking beyond Averages", *World Development*, 2001, 29 (11): 1803–1815.

③ 鲜祖德、王萍萍、吴伟：《中国农村贫困标准与贫困监测》，《统计研究》2016 年第 9 期。

增长，从而使两者的收入差距不断缩小，才能构成亲贫式增长。① 这种观点将贫困人口与非贫困人口收入进行分组比较，遵循弱化贫困增长公理。将第二种观点下的贫困度量公式定义为：

$$d_x = r_x - \bar{r}_y \tag{7-7}$$

其中，x 表示国家级贫困县；y 表示非贫困县。d_x 为某贫困县的相对农民人均纯收入增长率，由此间接度量贫困人口与非贫困人口的收入差距。r_x 表示该贫困县的农民人均纯收入增长率，$\bar{r}_y$ 表示非贫困县的农民人均纯收入增长率均值。经过统计数据可得性和统计口径的一致性分析，可以以宁夏回族自治区 8 个国家级扶贫重点县 2010—2014 年一组年鉴统计数据作为样本，利用式（7-7）进行测算。测算结果如表 7-7 所示。

表 7-7　　　　　　相对农民人均纯收入增长率测算结果

县区	2010 年	2011 年	2012 年	2013 年	2014 年	均值
盐池县	-2.90	-2.00	1.40	3.20	2.10	0.36
同心县	2.90	0.10	0.90	2.10	2.00	1.60
原州区	3.50	1.60	1.70	2.00	2.40	2.24
西吉县	3.00	1.00	1.90	1.80	2.10	1.96
隆德县	3.00	0.90	1.70	2.50	1.80	1.98
泾源县	1.70	1.00	3.20	2.30	1.90	2.02
彭阳县	2.30	1.50	1.60	3.00	2.20	2.12
海原县	3.30	1.50	2.40	2.50	2.00	2.34

第三种观点认为，存在"经济增长—收入分配—贫困"的传导关系，其间的关系与多种条件有关。② 在实际统计中可以用多维贫困来体现此种观点。例如，《中国农村贫困监测报告》中就对贫困发生率、贫困人口规模、人均可支配收入、人均消费支出、百户耐用消费品拥有

---

① Kakwani, N. and Son, H., *Pro-Poor Growth: The Asian Exprerience*, UNU-WIDER Research Paper, 2006.
② Bourguignon, F., *The Poverty-Growth-Inequality Triangle*, New Delhi: Indian Council for Research on International Economic Relations, 2004.

量、居住条件指标、农村卫生教育条件、农村基础设施条件等指标进行了重点监测。多维贫困（multi-dimensional poverty）理论的主要贡献者阿玛蒂亚·森也提出两种著名的度量思想，即"S"指数（包括"正式""S"指数和"改进""S"指数）和可行能力论。"S"指数是贫困率、平均贫困差距率（分为穷人贫困差距率和总人口贫困差距率）和贫困差距率的基尼系数加1的乘积。"S"指数虽然被证明满足复制不变性公理，但是用于县级贫困区域的测算中，相应的指标并不容易获得。

可行能力论认为，贫困是对人的基本可行能力的剥夺，而不仅仅是收入低下。阿玛蒂亚·森认为，以人为中心，最高的价值标准就是自由。自由是在实质的（substantive）意义上定义的，即享受人们有理由珍视的那种生活的可行能力。阿玛蒂亚·森具体分析了五种工具性自由：政治自由、经济条件、社会机会、透明性担保和防护性保障。本节以可行能力论为依据来设计贫困度量指标体系。

1. 政治自由

阿玛蒂亚·森在讨论贫困与饥荒问题时，提出一个规律：权威主义统治者，他们自己是绝不会受饥荒（或其他类似的经济灾难）的影响的，通常减少激励因素来采取及时的防范措施。与此相对照，民主政府需要赢得选举并面对公众批评，从而有强烈的激励因素来采取措施，防止饥荒或其他类似的灾难。在中国当前政治环境下，各县区的政治自由无显著差别，此处不再考虑该项指标。

2. 经济条件

指个人享有的将其经济资源运用于消费、生产或交换的机会。人们拥有各种经济资源如劳力、知识、土地、工具，市场机制提供各种经济资源自由组合的最好机会。相关研究认为，资本市场越完善，资本收益率大于经济增长率的可能性就越大。① 以"财产收入比"这一指标来衡量贫困人口将其享有的资源运用于消费、生产或交换的机会，表明在工资性收入和经营性收入之外，可能拥有更大的选择策略的空间集合。

财产收入比＝财产性收入/农村居民人均纯收入×100%

---

① 托马斯·皮凯蒂：《21世纪资本论》，中信出版社2014年版。

3. 社会机会

社会机会，是指在教育、保健等方面的社会安排，它们影响个人享受更好生活的实质自由。大多数研究主要以基础教育类（如在校生人数）和公共医疗类（每万人拥有卫生机构床位数）指标来衡量。目前，中国的义务教育普及率较高，还制定了倾向于贫困人口的专门性教育帮扶政策。相比较而言，以"每万人拥有卫生机构床位数"来衡量社会机会，在现阶段更具有现实意义。

每万人拥有卫生机构床位数 = 卫生机构床位数/总人口数 × 10000

4. 透明性担保

透明性担保，是指人们在社会交往中需要的信用，它取决于交往过程的公开性、对信息发布及信息准确性的保证。衡量人们交往中的社会信用类指标，难以直接从统计年鉴中的数据获得。考虑到贷款本身是表征个人和商业信用的主要指标，本书构造"贷款存款比"，用于衡量贫困县区的信用和信息保障水平。

贷款存款比 = 金融机构贷款余额/金融机构存款余额

5. 防护性保障

这是为那些遭受天灾人祸或其他突发性困难（例如失业）的人、收入在贫困线以下的人，以及年老、残疾的人，提供扶持的社会安全网。从转移性支付的内容来看，虽然不能完全等同于国民收入的再分配（转移性支付中还包括一部分私人和企业间转移性支付），但是它仍然是财政扶贫支出的主要渠道，可以用于衡量基本保障水平。

转移支付收入比 = 转移支付性收入/农村居民人均纯收入 × 100%

可行能力的度量公式定义如下：

$$m_i = a_j(r_{ij}\overline{r}_{lj}) \tag{7-8}$$

其中，i 表示国家级贫困县；l 表示非贫困县。r_{ij} 表示第 i 个贫困县的第 j 项指标值，$\overline{r}_{lj}$ 表示非扶贫县第 j 项指标值的平均值；a_j 表示第 j 项指标的权重；m_i 为该县的相对可行能力得分，由此度量贫困县区的可行能力。为该县的相对可行能力得分，由此度量贫困县区的可行能力。样本仍然来源于宁夏回族自治区 2010—2014 年统计年鉴数据。为了方便计算，假设 4 项指标的权重值都为 0.25。利用式（7-8），对宁夏回族自治区 8 个国家扶贫重点县的测算结果如表 7-8 所示。

表 7-8　　　　　　　　　　可行能力测算结果

县区	2010 年	2011 年	2012 年	2013 年	2014 年	均值
盐池县	1.74	2.19	1.36	1.20	0.58	1.42
同心县	0.93	0.67	0.69	0.64	0.57	0.70
原州区	1.17	1.12	1.05	0.96	0.97	1.05
西吉县	0.72	0.63	0.53	0.55	0.79	0.65
隆德县	1.11	1.27	1.34	1.16	1.03	1.18
泾源县	1.05	0.93	0.82	0.75	0.71	0.86
彭阳县	1.03	0.90	0.84	0.72	0.81	0.86
海原县	0.64	0.65	0.59	0.63	0.75	0.65

可以对表 7-6 和表 7-7 的测算结果按照表 7-8 的标准进行归类，可以发现两者的度量结果有很大差异。

表 7-9　　　　　　　　　　减贫成效划分标准

标准	<0.8	0.8—1.0	≥1.0
分类	减贫成效较差	减贫成效一般	减贫成效较好

四　小结与启示

由上述论述可以得出几个一般性结论：

第一，一种"适当"的贫困度量指标必须至少遵守一组属性：在道德范畴上具有吸引力且存在群体相关性。对于贫困的理解有两种观点：一种是以被聚焦的观点，对人口规模有一个标准化的限制；另一种是以不聚焦的观点，不需要标准化的限制。代表前者的复制不变性公理在贫困的相关研究文献中占据较大部分。复制放缩公理则为另一种观点，认为贫困程度不应当被聚焦。对于贫困的度量同样也有两种观点：第一种从被聚焦的观点出发，以确保存在贫困指数的现实利益，对人口规模有一个标准化的限制，支持复制不变性公理，必须要求削弱强核心公理或弱化贫困增长公理（选择的依据在于哪种公理更具备现实说服力）。第二种观点认为，贫困程度不应当被聚焦，也就是说支持复制放缩公理，同时也容易符合强核心公理或弱化贫困增长公理，虽然这种观点需要在可能的贫困概念下进行价值判断,必然要付出一些直觉性保留的代价。对于贫困研究者而言,多数情况下仅需要做一个简单的选择,但同时也需要进行复杂的度量,以确保能够为扶贫政策提供支撑。

第二,从中国的贫困实际出发,贫困度量指标应逐步从绝对走向相对,从一维走向多维。采用绝对和一维指标度量贫困,在大面积普贫背景下,能够为扶贫政策取向提供简单、明确的数据支持。但是随着扶贫政策的精准化,在确保不同区域、不同年份之间数据统计口径可比较和转换的基础上,应当尽量选择相对和多维指标来度量贫困。

上述研究结论可以从一个侧面说明,以可行能力理论设计的多维贫困度量指标体系,度量贫困变动的结果也更为全面和客观。用可行能力工具性变量指标体系作为度量贫困变动的指标具有明显的优势:一方面,能够衡量贫困地区的社会、经济、制度构成的可行能力持续增长环境。另一方面,也更加符合解决相对贫困和深度贫困问题的新阶段扶贫攻坚奋斗目标。

第三节 甘青宁区域发展能力与可行能力的交互耦合模型分析

按照区域发展的二重目标,必然存在区域发展能力与可行能力的交互耦合关系。一方面,区域发展能力对可行能力具有明显的约束效应;另一方面,可行能力也促动着区域发展能力的变革。如果考虑产业扶贫政策效果的可持续性,市场力量将会逐步替代行政力量成为取得减贫成效的主要驱动力,减贫举措也将成为社会的自发行为。相关文献从不同角度研究了要素禀赋结构变化对减贫成效的影响。例如,Van de Walle 认为,改善交通基础设施具有一定的减贫成效。[①] Jamison 等认为,健康的改善可以解释贫困人口 11% 的收入增长。[②] 胡江辉(2009)认为,

---

① Van de Walle, D., "Choosing Rural Road Investments to Help Reduce Poverty", *World Development*, 2002, 30 (4): 575 – 589.

② Jamison, D. T., Lau, L. J. and Wang, J., "Health's Contribution to Economic Growth in an Environment of Partially Endogenous Technical Process", in Lopez – Casasnovas, Rivera, B. and Currias, L. (eds.), *Health and Economic Growth*, Cambridge, MA: MIT Press, 2005: 67 – 91.

改善教育条件的减贫成效最大,依次是研发、公路、电话、电力和灌溉等。[1] 张萃(2011)认为,在不同的产业大类中,第一产业和第三产业增长的减贫效果非常显著,第二产业微弱。[2] 汪三贵等(2014)的研究认为,产业的劳动密集程度会显著影响减贫成效。[3] 与此同时,由于区域贫困人口的收益构成内生决定于该区域要素禀赋条件,初始区域要素禀赋条件将会约束减贫成效,并会限制贫困人口的收益水平。例如,尹飞霞(2013)认为,人力资本投入对减贫具有积极效果,特别当人力资本水平较低时,它的减贫效果相对较高。[4] 田飞丽等(2014)的研究认为,由于贫困家庭在资源获得过程中的初始条件不同,可能导致群体间的收入差距不断扩大。[5]

本节以甘肃省、青海省、宁夏回族自治区的34个少数民族国家级扶贫重点县2014年的数据作为研究对象,建立区域发展能力与可行能力的耦合度测算模型与胁迫约束效应测算模型,用于实证区域发展二重目标的协同性。

一 区域发展能力与可行能力的交互耦合度测算

本节采用经济关联效应分析方法,测算区域发展能力与可行能力的耦合度。

(一)建立模型

建立模型如下:

$$C_V = \left\{ \frac{X(t) - Y(t)}{\frac{[X(t) + Y(t)]}{2}} \right\}^2 \qquad (7-9)$$

---

[1] 胡江辉:《中国农村公共投资的减贫效应研究》,博士学位论文,华中科技大学,2009年。

[2] 张萃:《中国经济增长与贫困减少——基于产业构成视角的分析》,《数量经济技术经济研究》2011年第5期。

[3] 汪三贵、胡联:《产业劳动密集度、产业发展与减贫效应研究》,《财贸研究》2014年第3期。

[4] 尹飞霞:《人力资本与农村贫困研究:理论与实证》,博士学位论文,江西财经大学,2013年。

[5] 田飞丽、陈飞:《我国农村贫困指数测度及政策减贫效应研究》,《东北财经大学学报》2014年第4期。

其中，C_V 表示离差系数，其值越小表示耦合效应越大；$X_i(t)$、$Y_i(t)$ 分别表示第 i 个县区在 t 时刻区域发展能力与可行能力的综合指标。将式 (7-9) 右端展开，变形可得：

$$C_v = 4\left\{\frac{X(t)-Y(t)}{[X(t)+Y(t)]}\right\}^2 = 4\left\{1 - \frac{4X(t)Y(t)}{[X(t)+Y(t)]^2}\right\} \qquad (7-10)$$

因为，$0 \leq X(t) \leq 1$，$0 \leq Y(t) \leq 1$，所以，C_V 最小的充分条件就是 $\frac{4X(t)Y(t)}{[X(t)+Y(t)]^2}$ 取最大值。据此，可以定义区域发展能力与可行能力的耦合度为：

$$O_i(t) = \{G_i(t) \times T_i(t)\}^\tau \qquad (7-11)$$

其中，$O_i(t)$ 表示第 i 县区在 t 时刻的耦合度，$O_i(t) \in (0, 1)$；

$G_i(t) = \left\{\frac{4X_i(t)Y_i(t)}{[X_i(t)+Y_i(t)]^2}\right\}^\varphi$，表示离差系数；

$T_i(t) = X_i(t)^\varphi \times Y_i(t)^\psi$，表示区域发展能力与可行能力的整体协同效应。

此外，φ，ψ 为权重系数，且 $\varphi + \psi = 1$。研究认为在该耦合系统中，区域发展能力与可行能力同等重要，故 φ、ψ 取值均为 0.5。式 (7-11) 中的 τ 为调节系数，取 $\tau = \frac{1}{2}$，表示在减贫成效和区域属性既定的条件下，为确保两者耦合效应最大而进行组合的最优数量程度。

(二) 指标体系

由于该复杂系统中，反映区域能力与可行能力的要素数目众多，且两个系统各要素之间的关系错综复杂。在综述相关文献观点并考虑到数据可得性之后，建立如下指标体系（见表 7-10）。

表 7-10　　　　　　　　　　指标体系

一级指标	二级指标	三级指标
可行能力度量系统（X_i）	经济条件	财产收入比（X_1）
	社会机会	每万人拥有卫生机构床位数（X_2）
	透明性担保	贷款存款比（X_3）
	防护性保障	转移支付收入比（X_4）

续表

一级指标	二级指标	三级指标
区域发展能力构成系统（Y_i）	资源约束条件	人均耕地面积（公顷/人）（Y_1）
		乡村从业人员数占乡村总人口比重（%）（Y_2）
	资本投入水平	新增固定资产占GDP比重（%）（Y_3）
		人均公共财政预算支出（万元/人）（Y_4）
	市场化程度	社会消费品零售额占GDP比重（%）（Y_5）
		城市化率（%）（Y_6）

1. 可行能力度量系统

可行能力度量系统仍然采用上节的度量分析数据结果。

2. 区域发展能力构成系统

区域发展能力构成系统综合得分的计算采用了主成分分析方法。各项指标的描述性统计情况如表7-11所示。

表7-11　　　　　各项指标的描述性统计情况

变量	样本数	极小值	极大值	均值	标准差
Y_1	34	0.00	1.07	0.21	0.21
Y_2	34	0.16	0.77	0.50	0.13
Y_3	34	0.25	3.10	1.02	0.72
Y_4	34	0.55	2.95	1.17	0.57
Y_5	34	0.06	0.51	0.19	0.10
Y_6	34	0.05	0.78	0.31	0.15

提取前3项主成分的累积贡献率为72.44%，概括了全部指标的绝大多数信息（见表7-12、图7-2）。

表7-12　　　　　主成分解释的总方差

成分	合计	提取平方和载入方差的百分比	累积百分比	合计	旋转平方和载入方差的百分比	累积百分比
1	1.819	30.321	30.321	1.552	25.871	25.871
2	1.318	21.975	52.296	1.453	24.217	50.088
3	1.209	20.144	72.440	1.341	22.352	72.440

Scree Plot

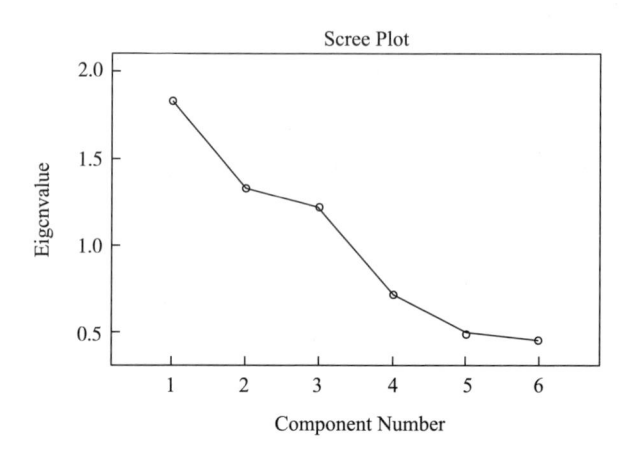

图 7-2　碎石图

经过正交旋转后，各主成分的情况如表 7-13 所示。其中第一主成分体现了"市场化程度"，第二主成分体现了"资源约束条件"，第三主成分体现了"资本投入水平"。各主成分的得分矩阵如表 7-14 所示。

表 7-13　　　　　　　　旋转后的成分矩阵

变量	第一主成分	第二主成分	第三主成分
Y_5	0.888	—	—
Y_6	0.751	0.309	0.128
Y_1	—	0.876	—
Y_2	0.266	0.762	—
Y_4	-0.183	—	0.856
Y_3	0.298	—	0.766

表 7-14　　　　　　　　主成分得分系数矩阵

变量	第一主成分	第二主成分	第三主成分
Y_1	-0.167	0.634	0.024
Y_2	0.084	0.510	-0.064
Y_3	0.165	-0.087	0.560

续表

变量	第一主成分	第二主成分	第三主成分
Y_4	-0.176	0.046	0.652
Y_5	0.607	-0.160	-0.075
Y_6	0.458	0.123	0.050

34个少数民族国家级扶贫重点县的区域发展能力构成系统得分如表7-15所示。

表7-15　　　　　　区域发展能力构成系统得分

县区名称	第一主成分	第二主成分	第三主成分	标准化后的综合得分（Y_i)
盐池县	-0.39	3.30	1.15	1.00
同心县	0.17	2.01	-0.67	0.63
原州区	1.09	0.76	-0.98	0.53
西吉县	0.09	1.79	-0.83	0.56
隆德县	0.56	-0.08	0.98	0.62
泾源县	0.56	-0.01	0.67	0.59
彭阳县	-0.26	2.19	0.53	0.77
海原县	-0.35	1.62	-0.96	0.45
张家川县	1.17	-0.12	-0.01	0.56
天祝县	2.50	-0.35	0.27	0.76
临夏县	0.76	-0.28	-0.63	0.39
康乐县	1.28	-0.34	-0.70	0.44
永靖县	0.61	0.21	-0.14	0.51
广河县	2.22	-0.54	-0.46	0.59
和政县	1.03	0.30	-0.30	0.56
东乡县	0.78	-0.28	-0.27	0.44
积石山县	1.56	-0.36	-0.84	0.46
合作市	2.89	0.64	-0.46	0.86
临潭县	0.87	0	0.45	0.60
卓尼县	1.22	-0.05	1.30	0.77
舟曲县	0.91	-0.11	-0.27	0.49

续表

县区名称	第一主成分	第二主成分	第三主成分	标准化后的综合得分（Y_i）
夏河县	2.14	-0.20	1.99	0.98
大通县	0.24	-0.49	-0.72	0.27
民和县	0.53	-1.15	-1.12	0.15
化隆县	-0.90	-0.88	-0.97	0.01
循化县	-0.13	-1.92	-0.75	0.01
尖扎县	-1.30	-0.43	1.20	0.33
泽库县	-1.36	-0.58	-0.40	0.07
甘德县	-0.46	-0.99	2.13	0.51
达日县	-0.71	-0.80	1.88	0.46
玉树市	0.80	-1.04	-0.58	0.29
杂多县	-1.10	0.03	-0.46	0.19
治多县	-0.32	0.22	0.48	0.46
囊谦县	-1.02	-0.96	-0.29	0.08

（三）测算结果

对34个国家级扶贫重点县的区域发展能力与可行能力的耦合度进行测算，并依据表7-16的标准对耦合等级进行划分，结果如表7-17所示。整体而言，宁夏回族自治区和甘肃省各贫困县的情况普遍较好，其中宁夏回族自治区有7个县区处于中等耦合，1个县区处于勉强耦合；甘肃省有3个县区处于中等耦合，8个县区处于勉强耦合。而青海省的耦合情况较差，有一半的贫困县处于失调状态。

表7-16　　　　　　　　耦合等级划分标准[①]

耦合等级	严重失调	中度失调	失调	勉强耦合	中等耦合	良好耦合	优质耦合
O_1 得分	<0.3	0.3-0.4	0.4-0.5	0.5-0.6	0.6-0.7	0.7-0.8	>0.8

① 刘耀彬、李仁东、张守忠：《城市化与生态环境协调标准及其评价模型研究》，《中国软科学》2005年第5期。

表 7-17　　　　　　　　　耦合度测算结果

所在省区	县区名称	G_i	T_i	O_i	耦合等级
宁夏回族自治区	盐池县	0.82	0.52	0.65	中等耦合
	同心县	0.92	0.41	0.61	中等耦合
	原州区	0.95	0.38	0.60	中等耦合
	西吉县	0.94	0.39	0.60	中等耦合
	隆德县	0.91	0.40	0.61	中等耦合
	泾源县	0.93	0.39	0.60	中等耦合
	彭阳县	0.88	0.46	0.63	中等耦合
	海原县	0.97	0.35	0.58	勉强耦合
甘肃省	张家川县	0.92	0.37	0.58	勉强耦合
	天祝县	0.88	0.46	0.64	中等耦合
	临夏县	0.98	0.32	0.56	勉强耦合
	康乐县	0.97	0.34	0.58	勉强耦合
	永靖县	0.95	0.36	0.58	勉强耦合
	广河县	0.92	0.39	0.60	中等耦合
	和政县	0.93	0.38	0.60	中等耦合
	东乡县	0.96	0.34	0.57	勉强耦合
	积石山县	0.96	0.34	0.57	勉强耦合
	合作市	0.80	0.43	0.59	勉强耦合
	临潭县	0.90	0.37	0.58	勉强耦合
青海省	大通县	1.00	0.25	0.50	勉强耦合
	民和县	0.98	0.19	0.43	失调
	化隆县	0.34	0.04	0.12	严重失调
	循化县	0.26	0.04	0.10	严重失调
	尖扎县	0.99	0.29	0.54	勉强耦合
	泽库县	0.81	0.13	0.33	中度失调
	甘德县	0.94	0.36	0.58	勉强耦合
	达日县	0.96	0.34	0.57	勉强耦合
	玉树市	1.00	0.27	0.52	勉强耦合
	杂多县	0.99	0.22	0.46	失调
	治多县	0.94	0.33	0.55	勉强耦合
	囊谦县	0.84	0.14	0.34	中度失调

二 区域发展能力与可行能力的胁迫约束效应模型

本节利用灰色关联分析方法测算区域发展能力与可行能力之间的胁迫约束效应。

(一) 建立模型

建立模型如下:

$$\xi_i(j) = \frac{\min_i\min_j |Z_i^x - Z_j^y| + \rho\max_i\max_j |Z_i^x - Z_j^y|}{|Z_i^x - Z_j^y| + \rho\max_i\max_j |Z_i^x - Z_j^y|} \quad (7-12)$$

其中,Z_i^x、Z_j^y 分别表示各个县区区域发展能力与可行能力指标的标准化值,ρ 为分标系数,本书取值 0.5。$\xi_i(j)$ 表示两个指数之间关联系数。

将关联系数按样本数 k 求平均数可以得到一个 $M \times L$ 的关联度矩阵 γ_{ij}:

$$\gamma_{ij} = \begin{vmatrix} \gamma_{11} & \gamma_{12} & \cdots & \gamma_{1l} \\ \gamma_{21} & \gamma_{22} & \cdots & \gamma_{2l} \\ M & M & \cdots & \\ \gamma_{m1} & \gamma_{m2} & \cdots & \gamma_{ml} \end{vmatrix} \quad (7-13)$$

其中,$\gamma_{ij} = \frac{1}{\kappa}\sum_{i=1}^{k}\xi_i(j)$($\kappa = 1, 2, \cdots, n$),$k$ 为样本数,既可取时间序列样本求得变量间的时序变化规律,也可取截面数据样本求得变量间空间作用关系。若 $0 < \gamma_{ij} < 1$,说明 Z_i^x 与 Z_j^y 有关联性,γ_{ij} 值越大,关联性越大,耦合性越强;反之亦然。若取为 1,则说明可行能力指标的某一指标 Z_i^x 与区域发展能力系统 Z_j^y 之间关联性最大,并且反映 Z_i^x 与 Z_j^y 的变化规律完全相同,单个指标间耦合作用明显。

在关联度矩阵的基础上分别按行或列求其平均值,得到式(7-14),根据其大小及其对应的值域范围可以遴选出可行能力指标中对区域发展能力的最主要的胁迫因素,以及区域发展能力因子对可行能力最主要的约束因素。

$$\begin{cases} \gamma_i = \dfrac{1}{l}\sum_{j=1}^{l}\gamma_{ij}(i=1,2,\cdots,m;j=1,2,\cdots,l) \\ \gamma_j = \dfrac{1}{m}\sum_{i=1}^{m}\gamma_{ij}(i=1,2,\cdots,m;j=1,2,\cdots,l) \end{cases} \quad (7-14)$$

（二）测算结果

表7-18右上角数据为可行能力对区域发展能力的胁迫效应测算结果。其中，透明性担保指标对区域发展能力的影响最为显著，其次是社会机会指标。而其余指标对区域发展能力的影响大体相当。表7-18左下角数据为区域发展能力对可行能力的约束效应测算结果。其中，城市化率对可行能力的约束作用最为显著，其次是新增固定资产投资和财政支出。此外，表7-18还显示了可行能力和区域发展能力诸因素对耦合度关联性影响。其中，可行能力诸因素中，社会机会与耦合度的关联性最大；区域发展能力诸因素中，人均公共财政预算支出与耦合度关联性最大。

表7-18　　　　　　　胁迫约束效应测算结果

Y_i / X_i	Y_1	Y_2	Y_3	Y_4	Y_5	Y_6	X_i对O_i的关联系数
X_1	0.228 / 0.281	0.352 / 0.426	0.292 / 0.302	0.277 / 0.384	0.245 / 0.341	0.347 / 0.386	0.343
X_2	0.344 / 0.336	0.322 / 0.339	0.466 / 0.431	0.338 / 0.390	0.316 / 0.345	0.615 / 0.610	0.389
X_3	0.236 / 0.244	0.260 / 0.295	0.605 / 0.579	0.395 / 0.479	0.345 / 0.427	0.588 / 0.610	0.372
X_4	0.472 / 0.446	0.316 / 0.313	0.360 / 0.277	0.300 / 0.322	0.286 / 0.283	0.376 / 0.344	0.292
Y_i对O_i的关联系数	0.425	0.315	0.350	0.487	0.258	0.392	—

三　小结与启示

区域发展能力与可行能力之间存在交互耦合关系。相似的扶贫政策可能导致非均衡的减贫成效,其中的一项重要原因在于区域发展能力之间的差异。而随着贫困人口生存境遇的逐步改善,也同样会加速推动区域发展能力的变革。

上述区域发展能力与可行能力耦合度与胁迫约束效应测算模型的分析结果可以得出几个结论:一是区域发展能力与可行能力的耦合度大小与所在县区的生态环境及初始贫困状况关系密切。生态环境越恶劣、初始贫困状况越严重的地区,区域发展能力与可行能力间的耦合度越低,扶贫难度也越大。二是随着社会的整体进步和贫困人口生活境遇的改善,贫困人口的需求已不仅限于满足基本生活和生产条件,而是希望能够获取更大的自由和更高的可行能力,从而分享到经济繁荣的好处。三是在一定程度上资源、环境上的不利条件可以通过提高城市化水平和加大资本投入力度加以克服。四是在影响区域发展能力与可行能力结构的耦合效应的关键要素中,发展机会和财政投入最为重要。

根据上述研究结论,可以对产业扶贫精准性诊断的研究带来以下启示:

第一,细化扶贫政策并体现非均衡性。因为各贫困地区的区域属性之间存在一定差异,所以在制定扶贫政策时必须因地制宜。虽然中国农村已经脱离普贫状态,扶贫政策在区域层面也开始有所区别,但是不能指望单一的扶贫政策在一个较大区域里也一定能取得同样的减贫成效。这需要对扶贫政策进一步细化,并体现非均衡性。细化的扶贫政策才能适应贫困地区的区域属性特征,也更具有"瞄准性",减贫成效也更显著。

第二,增加贫困人口收入的同时还应当增强其可行能力。中国当前主要以收入高低作为划分贫困人口的标准,这也是判断减贫成效的一项基本指标。但是到2020年彻底消除绝对贫困人口之后,低收入人口需要借助市场力量实现共同富裕,此时贫困人口的可行能力将成为其是否能够共享经济繁荣的主要依赖。所以现阶段的扶贫工作,除了以增加贫困人口收入为目标,更应当增强其可行能力,为贫困人口未来的自由发展创造条件。

第三,加快城市化进程和加大财政投入以消除不利的区域属性约束。通过加快城市化进程和加大财政投入力度,消除城乡二元经济,改善基础设施条件，建设互联网交易平台，吸引企业投资，提高公共服务水平，克服不利的生态和资源约束，打破贫困恶性循环。

第四，为贫困人口描绘未来良好愿景。未来良好的发展愿景是每一个贫困人口主动脱贫的强大精神动力。扶贫工作在注重解决现实问题的同时，还应当积极向贫困人口传播未来的发展理念、宣传发展政策和解释发展规划，不遗余力地给予贫困人口发展的希望和信心。

第八章　民族地区产业扶贫精准性案例分析

本章以疏勒河项目为例，依据产业扶贫精准性诊断六步法，因时、因地分析制约扶贫产业发展的"强约束"条件，以此作为项目区实施"次优"改革的切入点。在此基础上从转变观念、主导产业调整、劳务输转和增加贫困可行能力创造条件四个方面提出建议。

第一节　项目概述

疏勒河发源于祁连山深处的岗格尔肖合力岭冰川，经青海省天峻县，甘肃省肃北、玉门、瓜州、敦煌，由东向西曾流入罗布泊江，干流长670千米，多年平均径流量10.31亿立方米，为甘肃省第二大内陆河。甘肃疏勒河流域位于河西走廊西段，东以嘉峪关为界，西与新疆维吾尔自治区毗邻，南起祁连山与青海省相邻，北与内蒙古自治区接壤，流域面积17万平方千米。疏勒河流域分为北部疏勒河水系和南部苏干湖水系两部分，流域面积分别为14.89万平方千米和2.11万平方千米。流域内分布着高山峡谷、戈壁荒漠、绿洲草场、风蚀荒地。疏勒河流域年平均气温7—9℃，年平均降水量50毫米，年蒸发量为3033—3246毫米，是典型的内陆干旱性气候。疏勒河中下游为丝绸之路古道，是古老的农业灌溉区，早在西汉时期就已开荒垦殖，引水灌溉。经过汉、唐、元、明、清历代开发，农业灌溉体系初具规模，1949年农业灌溉面积达26.85万亩。

20世纪50年代以来，甘肃省对疏勒河流域水土资源开发利用先后进行过三次勘测、规划和论证。20 世纪 80 年代，"两西"建设对其进行了较大规模的开发利用。20 世纪 90 年代，甘肃省提出"兴西济中、扶贫开发"战略，试图在甘肃省疏勒河流域发展绿洲农业，通过修建大规模水利工程，改善当地生态环境，推行移民安置综合开发项目。疏勒河项目拟解决甘肃中南部 11 个县 20 万人的贫困问题。1992 年，完成项目规划、预可研、可行性研究报告。1994 年被国务院列为利用世界银行贷款建设项目。1994 年 8 月、1995 年 4 月和 10 月，世界银行组织项目准备团、预评估团和正式评估团对项目进行了考察和评估。1995 年 12 月，水利部组织专家组对国家大二型水库昌马水库初设方案进行了终审。1996 年 3 月，国务院批准可行性研究报告并正式立项。7 月 2 日，甘肃省人民政府与世界银行签署了《项目协定》、国家财政部与世界银行签署了《开发信贷协定》和《贷款协定》。确定项目总投资为 26.73 亿元人民币，其中世界银行贷款 1.5 亿美元（12.6 亿元人民），国家配套资金 2 亿元，省内配套资金 12.13 亿元。建设期为 10 年，1996 年 5 月，疏勒河项目正式开工建设。

疏勒河项目建设的目标是，把甘肃省中部和东南部自然条件差、生活贫困的农民通过自愿移民安置到疏勒河项目新开发的灌区；提高并增加甘肃省的农业产量，特别是粮食和经济作物的产量；保护和改善项目区的生态环境。

项目建设的重点是，在疏勒河上游新建昌马水库枢纽工程；新建和改扩建支渠以上输水渠道 1248.89 千米，排水干支沟 500 千米；新建水电站 3 座，总装机容量 3.23 万千瓦；完成总浇灌面积 147.3 万亩，其中新开发灌溉面积 81.9 万亩（包括昌马、双塔、花海）；在灌区营造防风林、薪炭林、经济林 26850 亩；在新灌区工程基本完成后，预期集中安置甘肃中南部的临夏回族自治州大部、甘南藏族自治州南部、陇南山区的 11 个人地关系矛盾极为突出的贫困县（包括临夏、和政、礼县、永靖、积石山、东乡、岷县、宕昌、武都、临潭、舟曲）人口 20 万人，并配备基本生活、生产设施。

疏勒河项目于 1996 年开始启动，在实施过程中考虑到项目区水资源利用、生态保护和配套资金到位情况，对项目中涉及的移民安置和改良耕地的内容进行了中期调整，将移民总人口由 20 万人调整为 7.5 万人，新开垦耕地面积从 81.9 万亩减少为 40.82 万亩，使水资源利用率由原计划的 90% 下降到 65.7%，从而较好地保护了当地的生态环境。但是总投资也由期初计划的 26.73 亿元下降为 19.71 亿元。

从 1996 年 5 月项目启动到 2006 年 12 月世界银行账户关闭，疏勒河项目区实际迁移移民 75378 人，其中：项目中期调整计划安置移民 7.5 万人，酒泉市辖区安置 43576 人、农垦辖区安置 31424 人，2004 年省政府决定在酒泉市辖区的瓜州县安排九甸峡移民 13000 人（岷县、临潭县、卓尼县）。安置移民中汉族 8736 户，43414 人，占移民总人数的 70.02%；东乡族 2282 户，11673 人，占 13.75%；回族 1339 户，8527 人，占 10.7%；藏族 65 户，347 人，土族 7 户，39 人。

疏勒河项目的宗旨，也是世界银行关注项目的重要方面，就是通过生态移民工程实现易地扶贫。按照相关监测数据，自 2004 年之后，各移民基地的产业收入获得了较大增长，每年增长率达 25%。到 2006 年世界银行账户关闭时，移民人均收入达到 1286 元，比搬迁时的 300 元增长了 328.67%（见图 8-1）。

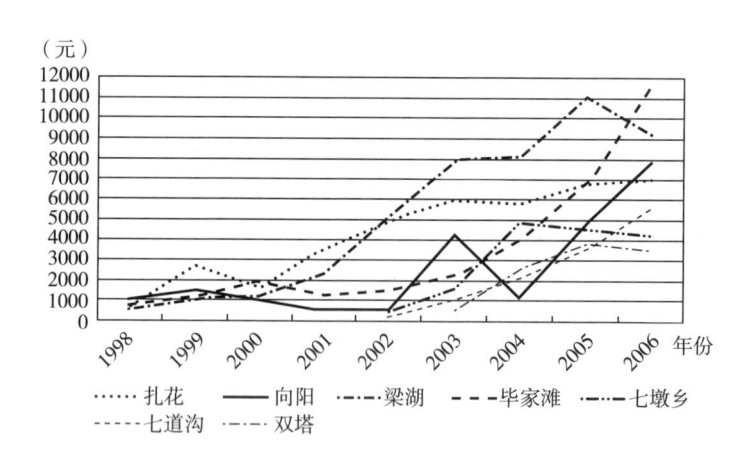

图 8-1　1998—2006 年疏勒河项目区移民人均收入变化情况

截至 2006 年 12 月底，项目按中调计划基本完成了建设任务。2007 年 4 月，世界银行在《项目实施完成情况和结果报告》中，回顾和评价了疏勒河项目的实施和取得的成绩，认为疏勒河项目经过 10 年的开发建设，已经实现项目开发目标，将项目绩效的总体评价定为"较满意"，对项目执行机构给予"满意"评价，对借款国履约评定"较满意"。

第二节 产业发展基本情况

随着水利灌溉条件的改善，移民基地的产业结构也发生了很大的变化，通过移民户均收入变化的统计分析可以看出，到项目竣工时，总体上由移民搬迁初期的移民家庭收入以劳务收入为主，逐步变化到以农业种植为主，如表8-1所示。

表8-1　　　　　1997—2006年移民基地产业收入变化

项目		1997 净产值（千元）	1997 构成（%）	2000 净产值（千元）	2000 构成（%）	2003 净产值（千元）	2003 构成（%）	2006 净产值（千元）	2006 构成（%）	合计 净产值（千元）	合计 构成（%）
扎花	种植业	—	—	530.99	68.1	1853.90	74.39	2440	78	11396.98	67.8
	牧业	—	—	51.15	6.6	231.30	9.28	173.7	5.6	1027.9	6.1
	劳务	198.4	100	198.0	25.3	407.0	16.33	513	16.4	4386.3	26.1
	总收入	198.4	100	780.14	100	2492.2	100	3126.7	100	16811.18	100
向阳	种植业	—	—	1.94	0.6	959.44	68.93	2128	80.6	3862.95	50.5
	牧业	—	—	13.07	4	146.4	10.52	235.3	8.9	730.8	9.6
	劳务	230	100	313.6	95.4	286.0	20.55	276.7	10.5	3051.9	39.9
	总收入	230	100	328.61	100	1391.84	100	2640.0	100	7645.65	100
梁湖	种植业	—	—	85.27	66.7	966.56	78.42	1377	91.9	5564.98	81.4
	牧业	—	—	7.59	5.9	55.95	4.54	56.4	3.8	302.29	4.4
	劳务	—	—	35.0	27.4	210	17.04	65.0	4.3	971.5	14.2
	总收入	—	—	127.86	100	1232.51	100	1498.4	100	6838.77	100
毕家滩	种植业	—	—	1.35	0.4	265.57	31.40	12126	81.1	22462.15	73.1
	牧业	—	—	11.25	3.4	117.0	13.84	1070.8	7.2	2395.22	7.8
	劳务	—	—	320.0	96.2	463.1	54.76	1762.5	11.7	5873	19.1
	总收入	—	—	332.6	100	845.67	100	14959.3	100	30730.73	100
七墩乡	种植业	—	—	—	—	67.52	39.06	2846	48.1	8661.17	59
	牧业	—	—	—	—	18.83	10.89	169.14	2.9	343.8	2.4
	劳务	—	—	—	—	86.50	50.05	2902	49.0	5665.5	38.6
	总收入	—	—	—	—	172.85	100	5917.14	100	14670.47	100

续表

年份\项目		1997 净产值（千元）	1997 构成（%）	2000 净产值（千元）	2000 构成（%）	2003 净产值（千元）	2003 构成（%）	2006 净产值（千元）	2006 构成（%）	合计 净产值（千元）	合计 构成（%）
七道沟	种植业	—	—	—	—	176.68	25.27	4126	59.8	8154.64	58.9
	牧业	—	—	—	—	39.99	5.72	109.83	1.6	309.5	2.2
	劳务	—	—	—	—	482.58	69.01	2663	38.6	5391.58	38.9
	总收入	—	—	—	—	699.25	100	6898.83	100	13855.72	100
双塔	种植业	—	—	—	—	—	—	2128	39.7	5792.15	49.7
	牧业	—	—	—	—	—	—	385.34	7.2	826.11	7.1
	劳务	—	—	—	—	236.2	100	2847.6	53.1	5024.7	43.2
	总收入	—	—	—	—	236.2	100	5360.94	100	11642.96	100
合计	种植业	—	—	619.6	39.5	4289.68	60.67	27171	67.3	64014.46	66.6
	牧业	—	—	83.1	5.3	609.47	8.62	2200.49	5.4	5504.55	5.7
	劳务	428.4	100	866.6	55.2	2171.38	30.71	11029.80	27.3	26637.58	27.7
	总收入	428.4	100	1569.3	100	7070.53	100	40401.29	100	96156.59	100

一 种植业基本情况

种植业基本情况包括了灌溉面积和农作物受益面积、种植结构、单产和农业支持服务体系项目四个方面。

（一）灌溉面积和农作物受益面积

全部项目竣工后，项目区灌溉面积达到 71455 公顷。农作物受益面积达 56939 公顷。如表 8-2 所示。

表 8-2　　　　　　灌溉面积和农作物受益面积　　　　　　单位：公顷

项目		评估 灌溉面积	评估 农作物受益面积	中调 灌溉面积	中调 农作物受益面积	竣工后 灌溉面积	竣工后 农作物受益面积
新灌区	昌马	31330	24440	15180	11200	9692	7704
	双塔	16200	12250	7127	5260	9868	8664
	花海	7070	5370	4900	3620	8294	6864
	合计	54600	42060	27207	20080	27854	23232
老灌区	昌马	25530	19910	27433	21620	27434	21621
	双塔	14470	10940	12367	9200	12369	9202

续表

项目		评估		中调		竣工后	
		灌溉面积	农作物受益面积	灌溉面积	农作物受益面积	灌溉面积	农作物受益面积
老灌区	花海	3600	2740	3807	2887	3798	2884
	合计	43600	33590	43607	33707	43601	33707
总计	昌马	56860	44350	42613	32820	37126	29325
	双塔	30670	23190	19494	14460	22237	17866
	花海	10670	8110	8707	6507	12092	9748

（二）农作物种植结构

按照项目区的自然资源（特别是水资源）状况、经济发展水平、市场需求状况和当地地方政府的种植业发展规划等因素，几经调整，最终确定项目区农作物种植比例如表8-3所示。

表8-3　　　　　　　　农作物种植结构

项目	昌马灌区			双塔灌区			花海灌区		
	评估	中调	竣工	评估	中调	竣工	评估	中调	竣工
总计	1.00	1.00	1.00	1.00	1.00	1.00	1.00	1.00	1.00
粮食作物	0.793	0.40	0.37	0.597	0.20	0.09	0.697	0.30	0.15
小麦	0.537	0.15	0.15	0.503	0.07	0.04	0.605	0.15	0.10
大麦	0.128	0.15	0.15	0.026	0.03	—	—	—	—
玉米	0.04	0.05	0.05	0.068	0.1	0.05	0.092	0.15	0.05
豆类	0.088	0.05	0.02	—	—	—	—	—	—
经济作物	0.207	0.60	0.63	0.403	0.80	0.91	0.303	0.70	0.85
棉花	—	0.1	0.21	0.262	0.5	0.70	0.132	0.3	0.45
油料	0.104	0.2	0.05	0.046	0.1	0.03	0.053	0.2	0.05
复种油料	—	0.02	0.01	—	0.08	0.01	—	0.05	0.01
甜菜	0.039	0.05	0.03	—	—	—	—	—	—
黑瓜子	0.028	0.05	0.05	0.02	0.05	0.05	0.076	0.05	0.05
瓜类	0.009	0.05	0.03	0.044	0.07	0.04	0.016	0.05	0.05
蔬菜	0.014	0.08	0.08	0.026	0.05	0.03	0.026	0.03	0.03

续表

项目	昌马灌区			双塔灌区			花海灌区		
	评估	中调	竣工	评估	中调	竣工	评估	中调	竣工
啤酒花	0.013	0.02	0.01	0.005	0.01	0.01	—	—	—
红花	—	—	0.05	—	—	0.03	—	0.07	0.20
其他作物	—	0.05	0.12	—	0.02	0.02	—	—	0.02

（三）农作物单产

项目区新灌区和老灌区农作物单产如表 8-4、表 8-5 所示。

表 8-4　　　　　　　新灌区农作物单产　　　　　　　单位：吨/公顷

项目	昌马			双塔			花海		
	评估	中调	竣工	评估	中调	竣工	评估	中调	竣工
小麦	5.4	5.58	5.25	5.1	5.74	5.00	5.25	5.82	5.10
大麦	5.78	5.99	5.50	5.4	5.82	5.30	—	—	—
玉米	7.95	8.44	8.00	8.25	8.32	8.50	8.1	8.64	8.20
豆类	4.2	4.45	4.50	—	—	—	—	—	—
棉花	—	1.38	1.30	1.28	1.42	1.45	1.22	1.40	1.40
油料	1.65	1.70	1.80	1.5	1.64	1.70	1.5	1.64	1.70
甜菜	39	39.00	35.00	—	—	—	—	—	—
黑瓜子	1.42	1.56	1.50	1.42	1.56	1.48	1.42	1.56	1.60
瓜类	36	36.00	35.00	37.5	40.88	36.00	36.75	40.06	33.00
蔬菜	31.5	32.50	30.00	32.25	34.83	30.00	31.5	34.02	31.00
啤酒花	—	—	—	—	—	—	—	—	—
红花	—	—	0.30	—	—	0.30	—	—	0.30
其他作物	—	1.70	1.80	—	1.64	1.70	—	—	1.70

表 8-5　　　　　　　老灌区农作物单产　　　　　　　单位：吨/公顷

项目	昌马			双塔			花海		
	评估	中调	竣工	评估	中调	竣工	评估	中调	竣工
小麦	6.9	7.05	8.25	6.6	6.75	8.00	6.75	6.90	6.93

续表

项目	昌马			双塔			花海		
	评估	中调	竣工	评估	中调	竣工	评估	中调	竣工
大麦	7.05	7.20	8.06	6.75	6.90	8.12	—	—	—
玉米	10.20	10.50	11.21	10.80	10.80	12.74	10.50	10.65	11.49
豆类	5.70	6.00	6.00	—	—	—	—	—	—
棉花	—	1.55	1.55	1.65	1.65	1.99	1.5	1.50	1.50
油料	2.25	2.40	2.40	2.18	2.32	3.00	2.18	2.32	2.32
甜菜	45.6	46.50	51.30	—	—	—	—	—	—
黑瓜子	1.87	1.88	2.22	1.80	1.80	1.80	1.80	1.80	1.80
瓜类	46.50	46.50	62.18	50.25	50.25	50.25	46.50	46.50	52.50
蔬菜	37.52	37.50	38.31	37.50	37.50	46.37	37.50	37.50	37.50
啤酒花	4.50	4.50	4.50	4.50	4.50	4.50	—	—	—
红花	—	—	0.38	—	—	0.38	—	—	0.38
其他作物	—	2.40	2.40	—	2.32	3.00	—	—	2.32

（四）农业支持服务体系项目

截止项目竣工，完成玉门市农业技术推广中心实验楼 729.8 平方米；安西县农业技术推广中心实验楼 860 平方米；国营农场培训中心实验楼 941.7 平方米，购置仪器 57 台（套）；新建乡场农技站办公室 1500 平方米，仪器 120 台（套）；给 5 个行政村配置农机设备 5 套；完成盐碱地改良 11.17 千公顷；培训移民 16.6 千人次。

二 畜牧业基本情况

截止项目竣工，完成了玉门市、安西县和国营农场共 3 个畜牧技术推广中心建设；完成了 6 个新建乡（场）的畜牧技术推广站建设；完成了 1066 只良种羊的引进与推广。安西县完成了 200 只优良小尾寒羊种羊的引进和推广，其中 20 只公羊，180 只母羊。

玉门市完成了 866 只优良种羊的引进与推广，其中公羊 33 只，母羊 833 只。良种鸡的引进和推广完成了 1 万只。截至 2006 年 12 月 31 日，项目区存栏家禽家畜 71950 头（只）。其中，羊 14270 只、猪 3820 头、鸡 52940 只，其他家畜 920 头（只）。畜牧业的发展不仅增加了农户的收入，也提高了项目的经济效益。完成了两个牧草种子基地的建设和1100公顷的牧草种植。各年份的畜牧业项目基本投资情况如表8-6所示。

表8-6　　各年份的畜牧业项目基本投资情况　　单位：万元

项目名称	2001年	2002年	2003年	2004年	2005年	2006年	合计
1. 推广服务	25.00	50.00	—	82.33	46.59	98.00	301.92
玉门技术推广中心	—	—	—	18.80	21.59	—	40.39
安西县技术推广中心	—	—	—	38.53	—	—	38.53
国营农场技术推广中心	—	—	—	—	—	73.00	73.00
乡镇技术推广中心	25.00	50.00	—	25.00	25.00	25.00	150.00
乡镇农场孵卵所	—	—	—	—	—	—	—
乡镇农场养猪场	—	—	—	—	—	—	—
乡镇农场饲料加工	—	—	—	—	—	—	—
2. 良种引进和推广	—	31.85	37.39	141.96	16.09	—	227.29
牛	—	—	—	—	—	—	—
羊	—	31.85	37.39	112.04	16.09	—	197.37
猪	—	—	—	—	—	—	—
鸡	—	—	—	29.92	—	—	29.92
3. 畜牧业饲养体系	—	—	—	—	—	—	—
玉门市种猪场	—	—	—	—	—	—	—
玉门市瘦肉养猪场	—	—	—	—	—	—	—
安西县种猪场	—	—	—	—	—	—	—
安西县瘦肉养猪场	—	—	—	—	—	—	—
4. 草料加工	—	4.59	29.40	—	—	100.00	133.99
草籽生产农场	—	—	—	—	—	100.00	100.00
饲草围栏	—	—	—	—	—	—	—
水井	—	—	—	—	—	—	—
种草	—	4.59	29.40	—	—	—	33.99
5. 良种引进	—	—	—	—	—	—	—
6. 农户养羊	—	—	—	—	—	25.08	25.08
7. 培训	—	—	—	—	3.06	3.15	6.21
8. 设计	15.00	15.00	9.95	15.60	5.87	64.60	126.02
合计	40.00	101.44	76.74	239.89	71.61	290.83	820.51

三 林业基本情况

疏勒河项目林业工程于 1996 年 12 月开工建设，截至 2006 年 12 月底，累计完成投资 40.52 百万元。

（一）营造林工程

防护林建设 790.58 公顷，投资 24.62 百万元。其中，农田防护林（新灌区农田防护林）595.91 公顷，完成投资 23.21 百万元；防沙护渠林 126.67 公顷，完成投资 0.92 百万元；防沙护路林 60.67 公顷，完成投资 0.44 百万元；护库林 7.33 公顷，完成投资 0.05 百万元。速生用材林 175.47 公顷，完成投资 2.10 百万元；农户经济林 268.09 公顷，完成投资 1.14 百万元；苗木繁育基地 42 公顷，完成投资 0.95 百万元；昌马西线治理 673.33 公顷，完成投资 3.82 百万元；西石岗墩风沙治理 1000 公顷，完成投资 4.5 百万元。

（二）基础设施工程

林业推广服务中心建设：共完成 2400 平方米的土建工程。其中完成玉门林业推广中心 800 平方米土建、安西林业推广中心 800 平方米土建、国营农场农垦推广中心 800 平方米土建。完成了农垦林业推广服务中心仪器设备购置 0.35 百万元。林业推广服务中心建设共完成投资 1.55 百万元。

乡级林业站建设：乡级林业站建设全部完成，共完成 600 平方米的土建工程，12 辆作为交通工具的摩托车和 6 套办公设备的购置。乡级林业站建设共完成投资 0.45 百万元。

现有天然林管护站建设：现有天然林管护站建设完成预定目标，完成 3 个现有管护站的建设，完成 14 辆摩托车的购置和 4 套通信设备。现有天然林管护站建设共完成投资 0.18 百万元。

昌马水库上游天然林管护站建设：昌马水库上游天然林管护站建设已按期完成，完成了 300 平方米的土建工程，完成了 1 辆摩托车，1 套通信设备，1 套办公设备及农具的购置。昌马水库上游天然林管护站建设共完成投资 0.19 百万元。

第三节　诊断分析

以下按照产业扶贫精准性诊断的三个项目、六个步骤展开诊断分析：

一　步骤一：发现问题

2011年，笔者所在研究团队受疏勒河项目管理局委托，开展了"疏勒河项目区移民绩效评价与发展对策研究"项目。该项目在历时一周的调研过程中，得到了当地政府和各级管理部门的大力支持，取得了较为完整的产业扶贫数据资料。该项目于2012年顺利结项。

该项调查的最终研究报告业已完成，相应的研究成果也以著作、获奖成果的形式获得了肯定。但是笔者认为，如果以产业扶贫精准性诊断步骤来重新审视该项目，仍然会有一些新的发现。可以把这些发现归结为三个问题：

第一个问题：为什么该项目最初设计的方案与最终实施结果的差距会如此之大？

疏勒河项目实施前后的变化极大，最终完成的生态移民人数尚不足期初规划时人数的1/3，新开垦的耕地面积也比期初规划时减少了一半。无论是从移民数量，还是从新增耕地数量来看，项目实施结果与最初的设计方案的差距非常大。

第二个问题：疏勒河项目虽然以生态改善、易地扶贫为主体，但是产业扶贫是一个必须配套的工程，在此方面的资本投入是否足够？

移民子项目总投资为23385万元，仅占疏勒河项目概算投资（19.71亿元）的11.8%，而移民子项目中直接用于移民区建设的项目共8项（16915万元），占疏勒河项目概算投资的8.58%。这些投资是否能够使贫困人口获得新的生计能力？

第三个问题：疏勒河项目中受益的贫困人口的可行能力是否获得了提升？

虽然通过生态移民绩效评价对疏勒河项目中受益的贫困人口的满意度进行了分析，结果也显示绝大部分贫困人口对新迁移地的满意度较高，但是仍然缺乏对可行能力的分析。

如果以第五章提出的诊断框架的设想来看，这三项问题实际都指向一个问题：疏勒河项目的产业扶贫工作是否具有精准性？

二 步骤二：列出区域的不可流动性要素

按照疏勒河项目的初始计划，该项目首先是一项生态移民工程。所以生态问题应该放在项目评估的首位。

根据《疏勒河项目竣工生态环境专题报告》的描述，该项目的初衷是移民迁出区的甘肃中、南部地区，由于干旱缺水、土地超载、植被破坏、水土流失严重、土壤平均侵蚀模数 5 万—10 万千克/平方千米。坡耕地则高达 12 万千克/平方千米，年流失土壤达 0.01 米厚。按照最初规划，从本区移出 20 万人后，将使该地区 2.67 万公顷耕地合理利用，可减少土壤流失量 15.12 亿千克、减少土壤养分流失量 1179 万—5398 万千克，减少经济损失 78.8 万—204.9 万元。

该项目区的水力、农业、矿产、光热等资源比较丰富，可以通过大规模兴建水利工程的方式发展人工生态农业。当给水问题解决之后，可以将大片荒芜贫瘠的盐碱地、风蚀地改造成为可用耕地。与此同时，当新的绿洲生态系统建成后，将形成防沙治沙的可靠屏障，对改善和保护疏勒河中下游流域的生态环境具有较大的意义。按照预期，该项目通过调节流域小气候，能够使低水平脆弱的天然荒漠生态系统向高效率的人工绿洲生态系统转变和发展，所以是一项环境效益显著的生态工程。

最终，根据《疏勒河项目竣工生态环境专题报告》统计的数据，项目区共开垦土地 13460 公顷，建立防风林 715.3 公顷。通过对项目实施前后生态环境的样方调查（见表 8-7），疏勒河项目实施后，样方点草层平均高度增加比较大，增加 10.9%；植被覆盖度有所减少，减少幅度很小，减少 1.7%；总体评价项目实施后，由于环境保护措施的落实，对当地自然生态环境没有产生大的不利影响。

表 8-7　　　　　　　　　疏勒河项目区植被开发前后对比

因子	1992年	踏实安踏公路西	望杆子	布隆吉上三户岔路口	桥子乡南坝村西	平均
草层平均高度(厘米)	59.50	51.98	76.13	82.90	52.85	65.97
植被覆盖度(%)	48.50	54.70	32.11	47.38	56.44	47.66
产草量(千克/亩)	46.40	61.00	—	—	—	—

从气候监测的数据及 10 年来气候总的变化特征分析，疏勒河项目实施中，项目区气候因子基本正常，同时由于落实了环境保护措施，防风固沙林、农田防护林的建设，对减少大风和沙尘暴的危害起到了一定的作用。

但是，该项目区本身属于荒漠地区，生态系统较为脆弱，规划土地中中重度盐碱地、板结风蚀地、沙化土地高达 75% 以上。虽然经过几年的改良，取得了一定的效果，但部分重度盐碱地、风蚀地、沙化土地因改良的投入大、周期长等原因，缺乏改良后的经济效益。此处，新移民普遍缺少改良土地的经验，也没有能力进行较大的改良投入，所以项目中后期的实际土地改良效果远低于预期。例如，在世界银行项目关闭时，移民人口较为集中的独山子分场 1 号村的盐碱地、七道沟分场 1 号村的风蚀地、梁湖分场 3 号村的沙化土地等都没有得到有效改良，产出低、效益差。

从不可流动性要素角度来看，该项目区产业扶贫精准性诊断分析的硬约束条件是"可接纳移民的数量受疏勒河流域水土资源及生态与环境等条件的制约，移民工作要不断根据项目开发进程进行调整，确保移民安置不超过区域环境对人口承载能力"。

三　步骤三：列出项目所需的五类资本

五类资本涉及物质资本、自然资本、人力资本、社会资本和金融资本五个方面。

（一）物质资本

疏勒河项目用于移民安置和农经开发的子项目总投资为 2.3 亿元，占疏勒河项目概算投资的 11.8%，而移民子项目中直接用于移民区建设的项目共 8 项（加 *），占疏勒河项目概算投资的 8.58%。

项目移民安置子项目有移民补助费、基础设施建设、移民监测与管理三项，各分项内容及投资标准如表 8-8 所示。

表 8-8　　　　　　　　疏勒河安置子项目资金构成

序号	项目名称	投资（万元）及用途
1	移民安置补贴	9750.00（人均1300元）
1.1	搬迁	2625.00（直接发给移民，人均350元）
1.2	建房	4500.00（*），人均600元
1.3	生产	675.00（直接发给移民，人均90元）
1.4	农机具	450.00（直接发给移民，人均60元）
1.5	燃料	750.00（直接发给移民，人均100元）
1.6	饮水入户	450.00（*），人均60元
1.7	照明用电	300.00（*），人均40元
2	基础设施建设	11905.00
2.1	学校	2607.00（*）
2.2	医院	432.00（*）
2.3	乡、分场机构设施建设	518.00（*）
2.4	行政村建设	1993.00（*）
2.5	水、电、路等基础设施建设	6115.00（*）
2.6	移民规划设计费	120.00（移民区规划设计费）
2.7	帐篷采购	120.00（搬迁初期使用）
3	移民监测与管理	1731.00
3.1	移民监测与设备	2.36（世界银行委托监测单位及11个迁出县监测设备）
3.2	移民管理费	14.95（11个县移民管理补助费及项目成立的移民管理单位的管理费）
	合计	23385.00

各项人均投资及实施情况如下：

（1）建房费：该费用由移民自己修建移民住房，按照安置移民户均 4.6 人、人均 600 元的建房费标准，每个移民家庭建房费仅 2760 元，30 平方米的临时性过渡住房。

（2）水、电、路等基础设施方面的建设为人均 915.33 元（含移民补贴费中的用水、用电补贴费用）。主要用于移民区的通水、通电、通路等基础设施项目建设。规划自来水入户、用电入户、村村通路。移民区道路网络层次为主干道、次干道、巷道三类，均是砂砾石路面，宽度分别为 8 米、6 米、4 米。

（3）行政村建设方面的投资为人均 265.73 元。主要用于移民区宅基地、道路、集体用地、公共服务设施用地的"三通一平"工程实施。

（4）乡、分场机构建设方面的投资为人均 69.07 元。主要用于移民乡、移民分场的土建工程和办公设备采购。

（二）自然资本

项目实际开垦种植用地 21.971 万亩（人均 4 亩，其中：口粮地 2 亩、租赁地 1.5 亩、林草地 0.5 亩），在新开垦的 21.971 万亩土地中，有 14.309 万亩为盐碱地，占 65.13%；在盐碱地中，轻盐碱地 4.174 万亩，占 29.17%，中盐碱地 5.717 万亩，占 39.95%，重盐碱地 4.418 万亩，占 30.88%。新开垦的土地均按规划进行了田间灌排工程配套。

（三）人力资本

（1）教育方面的投资为人均 347.6 元。主要用于移民区的中学、小学建设和最基本的教学设备采购，项目规划一村一所小学、一乡一所中学。小学的投资概算为 26.7 万元、中学的投资概算为 89.2 万元。按此投资标准仅能完成学校的土建工程（中学 1202 平方米、小学 691.42 平方米）和基本的教学设备采购（中学 600 套课桌、小学 200 套课桌和简单的教学仪器）。

（2）医院建设方面的投资为人均 57.6 元。主要用于移民区乡医院、村医疗所建设和最基本的医疗设备采购，项目规划一村一诊所、一乡一卫生院。村医疗所的投资概算为 2.7 万元、乡卫生院的投资概算为 44.6 万元。按此投资标准仅能完成医院的土建工程和基本的医疗设备采购。如村诊所的土建费用为 1.6 万元、设备采购费用为 1.1 万元。

（四）社会资本

甘肃省政府针对项目移民安置工作的复杂性，于 1998 年 9 月 11 日召开会议就项目实施中的几个重大问题进行了研究，会议决定："在疏管局负总责，对整个项目实行统一规划设计、统一计划安排、统一招标采购、统一报账支付、统一质量验收前提下，将项目任务分成三块，由疏管局、酒泉市和农垦总公司组织实施。"酒泉市和农垦总公司分别成立了酒泉市疏勒河建设委员会、甘肃省疏勒河项目农垦工程建设指挥部，并分别与疏管局签订了《项目实施协议》。同时，酒泉市辖区的瓜州县、玉门市成立了疏勒河项目建设办公室；三个移民乡成立了移民安置工程筹建指挥部。农垦辖区成立了饮马、黄花、小宛、七道沟农场疏勒河项目建设办公室。

(五) 金融资本

项目从开始移民到最终完成移民工程历时10年。在此期间，由于户籍受到限制，移民无法享受到国家的惠农政策贷款和小额贷款。随着移民工作的逐步完善，移民在上述方面的融资借贷环境有了较大的改善。但是，由于移民本身的经济和文化起点很低，所以仍然缺乏改善生计的投资眼光和借贷能力。

四 步骤四：比较可行能力集

在此以项目区管理局提供的资料为主，并加入了一部分问卷调查数据。该问卷调查的地点是以东乡移民为主的扎花乡和独山子乡，以移民农户的"满意度"为主要调研取向，共取得有效问卷86份。

(一) 政治自由

此项指标从两个方面反映：文化影响、对移民政策的了解。

1. 文化影响

按照项目区管理局提供的资料，项目建设单位严格按评估报告的要求实行整乡、整村聚居安置。10年来，分别在花海灌区独山子分场、昌马灌区七墩乡、扎花村、七道沟分场等移民区安置少数民族移民。少数民族的宗教信仰自由及各种权利得到充分的保护：一是对少数民族移民实行聚居的方式进行安置；二是宗教信仰自由得到保护，为少数民族移民划出专门用于宗教活动的场所，尤其是对于信仰伊斯兰教的移民聚居区，在每个村、每个乡都划了宗教活动场地，项目区共修建清真寺21处，使信仰伊斯兰教的移民的宗教信仰自由权利得到了保护；三是按评估报告的要求积极向甘肃省政府、省民政厅汇报成立少数民族移民乡。七墩乡已于2005年12月被批准为七墩回族东乡族乡，其他的几个少数民族聚居区的少数民族乡正在积极申请办理有关手续。少数民族乡的成立使国家少数民族政策得到进一步贯彻与落实，促进了地方民族文化、经济的发展。更为重要的是少数民族移民的生活水平得到了空前的改善和提高。如项目区最多的东乡族移民，从1997年搬迁时的人均纯收入294元，到2006年增加为1253元，9年间人均纯收入增长了326.19%，实现了从旱作农业向灌溉农业的转变，对项目实施的综合满意度达95%。

笔者所在的课题组专门针对移民传统文化的影响情况进行了调查。调查的结果显示，项目区的便利交通较大地方便了东乡族移民的经济发展，多年来固守的传统文化也在生活环境的巨大变革中受到了强烈的冲击。调查表明，有63%的人认为，民族文化会在移民后受到影响，认为"不会"和"不好说"的人占38%。说明对民族文化的影响是必须在移民中重视的一个问题。不过，总体上，东乡族移民对民族文化的传承前景是充满信心的。91%的人认为，民族文化的传承完全可以通过兴建清真寺，教授阿文、东乡语等方式来继续下去。

2. 对移民政策的了解

移民政策的宣传是项目开展中一项基本的，同时也是非常重要的工作。在整个移民过程中各级政府都进行了大量的宣传，但是仍然存在相当数量的移民对相关政策不够了解。调查数据显示，虽然有63%的移民表示对移民政策完全清楚或比较清楚，但仍有37%的移民表示对政策仍然有疑问。东乡族移民对政策的期望与实际施行情况大体比较满意，其中有74%的被调查者认为，现行政策与预期基本一致或现行政策更好，只有14%的人认为现行政策不如自己的预期，另有12%的人表示不了解政策。

（二）经济条件

在各项指标中，移民多年来最不满意的一直是经济收入，"不满意"和"不够满意"一直占60%以上。2005年以后，由于农业生产较好，收入普遍提高。所以2005年经济收入的不满意度下降到47%，满意度比上年上升了31个百分点。2006年又比上年提高了8个百分点，满意和比较满意度首次超过60%。扎花、梁湖和毕家滩移民基地这几年由于经济收入的不断提高,不满意度大幅下降。其中一直处于困境的向阳移民基地 2005 年经济收入大幅度提高,不满意度从 2004 年的 100% 下降到 40%。2006 年不满意度降到零,新开辟的七墩乡、七道沟和双塔经济收入不够满意和不满意度仍在 50% 以上。

移民家庭收入不高,可以进一步从收入结构和农资、农具情况加以反映。

1. 收入结构

根据疏勒河项目管理局提供的资料数据(见表 8-9),2008 年疏勒河项目移民的人均纯收入仅为 622 元,几乎全部来源于劳务输出收入(占全部收入的 90% 左右),而种植业收入为 -43 元。无论是从产业结构,还是从当地大规模耕地开发的取向看,种植业都应当是农业产业最主要的支柱产业,但是种植业收入为负只能说明至少到 2008 年通过发展绿洲农业达到脱贫致富的目标还远未能实现。

表 8-9　　　　　　　　2008 年人均纯收入构成

项目	收入(元)
人均纯收入	622
国家政策性补贴收入	0
养殖业收入	20
种植业收入	-43
劳务输出收入	550
第三产业收入	54
其他收入	41

2. 农资、农具情况

从 2009 年农资、农具的拥有情况下,贫困家庭对拥有农具(特别是小型农具)的愿望非常强烈,但是大多数的愿望尚未实现。而其他农资供应状况也不够理想(见表 8-10)。

表 8 – 10　　　　　　　　2009 年农资条件与农资供应情况

项目	农机状态与农具分项目	数量
小型农机具（台件）	已拥有	109
	有拥有愿望	723
	其他	—
大型农机具（台件）	已拥有	2
	有拥有愿望	21
	其他	—
农资供应（吨）	化肥	1015
	农药	3.3
	地膜	12.1
	良种	447.5
	其他	30

（三）社会机会

总体上，移民由项目区发展获得了更高的社会机会，这也是满意度调查中得分较高的部分。以下从三个方面说明移民获得的社会机会：

1. 教育条件

项目区为改善教育条件，人均投资 347.6 元，共投资 2000 多万元，为每个 1200 人左右的移民村修建了可容纳 300 人的小学（砖混结构，建筑面积达 700 平方米），移民共有小学 50 个、6 个中学。现有 4174 名小学生，其中女生 1867 名；还有初中生 582 名，其中女生 252 名。迁入地的学龄儿童基本上都能上小学，儿童入学率达到 99.2%。

2. 医疗条件

在原迁出区每千人平均卫生技术人员为 2 人、床位 1.4 张，而在安置区每千人卫生技术人员为 18 人，床位为 7 张。医疗资源明显得到改善，项目为每个医院配备了较齐全的医疗器械，基本的疾病预防和治疗可在村诊所或乡卫生院进行，而且比原迁出区为看病走 10 多千米的路方便了许多。

3. 妇女参与劳动

妇女在迁入地除了参加农业生产外，还参与劳务活动。根据抽样调查和统计，2006年妇女参与劳务人数达5073人，占参加劳务总人数的47%。有74%的妇女主要参与邻近乡村的摘棉花和其他农活等，还参与修道路、渠道和盖房屋。妇女劳务收入达712.46万元，妇女人均劳务收入为1404元。妇女走出家门和男人一起参与劳务活动，反映了迁入区妇女观念上的一大变化，有利于提高妇女自身价值。

妇女还积极参加棉花栽培、盐碱土改良、作物管理等农业技术培训，参加人数3380人，占妇女参加培训总数的26%。反映了来自贫困落后地区的女性文化科技意识正在增强。有56%的妇女收入占家庭收入的比例为10%—30%，并逐年提高，并约有3/4的妇女有家庭的经济支配权。妇女收入在家庭收入中的比例如表8-11所示。

表8-11　　　　　　　　妇女收入占家庭收入的比例

迁出县	迁入乡	调查户数	<10%		10%—30%		31%—50%		>50%	
			户	%	户	%	户	%	户	%
东乡	扎花	48	10	21	29	61	9	18	—	—
积石山	向阳	30	1	5	15	50	12	39	2	6
宕昌	梁湖	54	4	7	29	54	18	34	3	5
岷县	毕家乡	102	11	11	60	59	22	21	9	9
和政武都	七墩乡	78	9	12	41	53	20	25	8	10
临夏临潭	七道沟	84	13	15	45	54	20	24	6	7
永靖礼县	双塔	120	16	13	66	55	27	23	11	9
东乡	独山子	60	10	16	35	58	15	26	—	—
合计		576	74	13	320	56	143	25	39	6

（四）透明性担保

由于无论是疏勒河项目管理局提供的数据还是笔者研究团队的调查数据，均没有直接涉及信用问题。所以在此利用一项自发移民的数据资料来间接说明政府的公信力。

由于项目开发建设的成功，吸引自发到项目区周边安置的1.3378万人，也是项目投资效益的体现。因此，虽然项目建设虽未完成中期调整7.5万人的移民计划，但实际利用疏勒河流域水土资源安置的移民却达到7.5378万人。

根据调查分析，自发移民能够在自己支付一切费用的前提下，愿意到项目区周边定居、发展农业生产的主要原因有两个方面：一是疏勒河项目的开发建设为疏勒河流域农业生产提供了充足的水源，农业发展前景广阔；二是项目自愿移民安置的实施几年来，移民安置取得了良好的社会、经济效益，搬迁安置移民基本上在项目区进行农业生产3—5年后即可摆脱贫困，使原迁出县没有纳入计划移民的群众认识到迁居疏勒河是他们脱贫致富的一条捷径，因此愿意承担所有费用而自发到疏勒河灌区移民定居。

疏勒河项目开发带动的自发移民，从一个侧面说明了项目开发建设中政府的公信力，这也是疏勒河项目效益的间接体现，而对涉迁县的农民来说则是直接的受益者，即迁到项目区进行农业生产就意味着摆脱了贫困，走上了致富路。虽然自发迁移到项目区周边的移民在生产、生活方面的发展历程与项目组织搬迁安置移民是基本一致的，但是不同的是因自发移民没有进行整村安置，基础设施、农田配套建设比项目区开发建设差了很多，使该部分移民在发展初期投入的成本较大，前3年平均比项目移民多投入3000—5000元，但收入只有项目移民的70%。也就是说，该部分移民一般在经过7—8年的发展后，人均收入才能达到1000多元。在这样的情况下，仍然存在大量自发移民，说明贫困人口对于政策扶贫项目充满信任。

（五）防护性保障

以独山子乡为例，2009年全乡落实了7000人的低保，占全乡总人口的93%，全乡当年发放低保资金近400万元，全乡参加新农村合作医疗制度人数达到3014人。积极争取民政春荒等专项救助资金50多万元，对特困户、缺籽种、缺化肥的农户进行救助，帮助解决好了群众生产生活中的实际困难。

五 步骤五：决策树分析

根据诊断法第一步提出的问题，以下通过决策树分析方法寻找到答案，见图8-2。

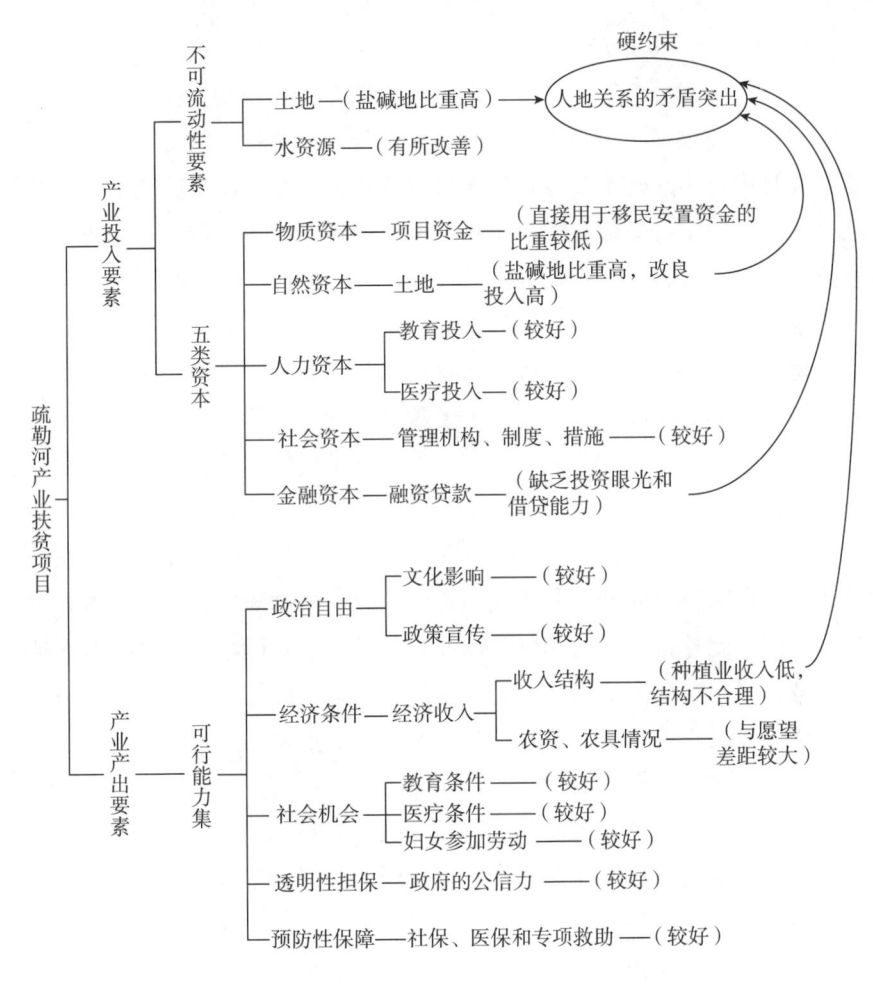

图 8-2 疏勒河产业扶贫项目决策树分析

疏勒河产业扶贫项目
├─ 产业投入要素
│   ├─ 不可流动性要素
│   │   ├─ 土地——（盐碱地比重高）→ 人地关系的矛盾突出（硬约束）
│   │   └─ 水资源——（有所改善）
│   └─ 五类资本
│   ├─ 物质资本——项目资金——（直接用于移民安置资金的比重较低）
│   ├─ 自然资本——土地——（盐碱地比重高，改良投入高）
│   ├─ 人力资本
│   │   ├─ 教育投入——（较好）
│   │   └─ 医疗投入——（较好）
│   ├─ 社会资本——管理机构、制度、措施——（较好）
│   └─ 金融资本——融资贷款——（缺乏投资眼光和借贷能力）
└─ 产业产出要素——可行能力集
    ├─ 政治自由
    │   ├─ 文化影响——（较好）
    │   └─ 政策宣传——（较好）
    ├─ 经济条件——经济收入
    │   ├─ 收入结构——（种植业收入低，结构不合理）
    │   └─ 农资、农具情况——（与愿望差距较大）
    ├─ 社会机会
    │   ├─ 教育条件——（较好）
    │   ├─ 医疗条件——（较好）
    │   └─ 妇女参加劳动——（较好）
    ├─ 透明性担保——政府的公信力——（较好）
    └─ 预防性保障——社保、医保和专项救助——（较好）

（一）第一个问题的分析

从不可流动性要素分析中可以发现，制约疏勒河扶贫产业的关键条件就是"人地关系的矛盾突出"，主要表现为水资源有限、土地盐碱度高、土地改良的成本高。虽然初始阶段认为可以移民 20 万人，但是随着项目的推进，几经修改，最终仅落实移民 7 万余人。说明初始阶段对生态承载力的论证不够客观，对改造自然环境的估计过于乐观。到目前为止，这仍然是疏勒河项目中产业扶贫的"硬约束"条件。

(二) 第二个问题的分析

从五类资本分析来看,疏勒河项目前期在产业扶贫方面的投入是不足的。虽然疏勒河项目是农业综合开发项目,更是一个扶贫项目,目标是帮助甘肃省中东部 6.2 万贫困人口脱贫,但是由于需要符合世界银行项目的运作规定,所以在项目总投资中直接用于移民安置的占总投资的 11.8%,而水利骨干工程投资占总投资的 73.77%,移民安置的资金主要依靠甘肃省配套资金。当地的主导产业以种植业为主,主要通过对盐碱地、风蚀地、沙化土地的改良来获得新开垦土地,而原项目规划中仅列支了部分盐碱地改良费用,对重度盐碱地的改良费用估值过低,忽略了风蚀地、沙化土地的改良费用,导致改良土地的总亩数和改良后的土地肥力都与前期规划有较大差距。按照当地的相关统计数据,每亩耕地的年投资额需 500 元以上。由于新移民主要来自甘肃中部的旱作农业区,需要适应新的灌溉农业方式,这也导致一段时间内在生产生活方面的不适应。此外,项目区 80% 的移民家庭原来的生活就极为困难,缺乏经济积累,文化素质很低,缺乏获得正常贷款的能力。上述原因,使通过产业扶贫持续增加贫困人口的收入的难度很大。

(三) 第三个问题的分析

根据调查数据显示,东乡族移民的收入状况与移民意愿关系表明,各收入分布区间的移民均有改善生活环境的较强意愿,而收入低于 300 元和高于 800 元的移民的移民意愿更为强烈。总体上看,70% 的东乡族移民被调查者有较强的移民意愿,如表 8-12 所示。

表 8-12　　　　东乡族移民的收入状况与移民意愿关系

移民前东乡族移民收入		愿意	不愿意	无所谓	总计
300 元以下	份数	8	0	2	10
	百分比 (%)	80	0	20	100
301—500 元	份数	14	6	2	22
	百分比 (%)	64	27	9	100
501—800 元	份数	14	6	2	22
	百分比 (%)	64	27	9	100

续表

移民前东乡族移民收入		愿意	不愿意	无所谓	总计
801—1000 元	份数	10	2	2	14
	百分比（%）	72	14	14	100
1000 元以上	份数	14	4	0	18
	百分比（%）	78	22	0	100
东乡族移民意愿比例		愿意	不愿意	无所谓	总计
问卷份数		60	18	8	86
百分比（%）		70	21	9	100

调查显示，"满足基本生计"是大多数移民的出发点，或者说在基本生活条件不足的情况下，选择移民实属许多东乡人的无奈之举。在对于东乡县移民的调查中，调查组发现许多移民人口移民之前的人均收入不满 300 元。如独山子乡一户收入在 300 元以下的被调查者。被调查人视力不好，身体也有残疾。不仅是他，他的一家都是这样，只能靠亲戚接济度日，靠亲戚帮忙种田、收割等，才勉勉强强熬到了今天。他希望能够移走，也希望政府能够给残障人士生活保障，希望政府能够提供种草、种树方面的支持，因为他虽然有行动上的障碍，但是仍然是家庭里不可缺少的劳动力，而种草、种树相对而言体力劳动比较轻。

从疏勒河项目管理局提供的资料和笔者课题组获得的调研数据分析，贫困人口的可行能力较之移民之前获得了较大的提升，反映可行能力的自由性工具变量情况说明了这个问题。但是客观地讲，贫困人口在移民之后的可行能力依然很低，突出表现在经济改善的程度仍然十分有限，六种自由性工具状况均处于初级水平。

综合上述决策树分析情况，本书认为，要提高疏勒河项目产业扶贫的精准性，仍然需要立足于解决"人地关系"的矛盾，控制人口规模，做好替代生计转换。

六　步骤六：次优改革

根据决策树分析得出的"硬约束"，可以提出针对此硬约束条件的次优改革方案：

（一）改变发展理念

项目区要实现永续性发展，必须首先改变发展理念，必须深刻理解习近平总书记提出的"两山论"——"绿水青山，就是金山银山"。绿水青山与金山银山的关系经历了三个阶段：第一个阶段是以牺牲绿水青山，换取金山银山；第二个阶段是认识到绿水青山的重要性，通过约束人的行为来保护绿水青山；第三个阶段是将生态优势转化为经济优势，实现两者的交融与和谐。所以项目区要将生态文明建设理念始终贯彻于产业扶贫的整个过程中；意识到良好的生态环境是人民最普惠的福祉，保护生态环境就是保护了生产力；必须以系统化的思想，设定最严格的生态管控红线。

（二）调整主导产业

具体表现为三个方面：

1. 优先发展耐盐碱性的经济作物种植产业

鉴于疏勒河项目区的土地主要是新开垦的荒地，土地肥力低、盐碱性大，所以应当优先发展耐盐碱性的经济作物种植，如棉花、冬枣、玫瑰等。

2. 大力发展草产业、适度推广优质羊产业

河西地区的紫花苜蓿是甘肃省重点扶贫的八大支柱产业之一。紫花苜蓿耐盐碱，又是良好的畜牧业饲料，所以可以为贫困家庭提供优质种羊，在维护生态环境不被破坏的前提下，适度发展羊产业。

3. 大力推进劳务输转

大力推进劳务输转的原因有三点：

第一，疏勒河项目的迁出区的生态环境极为恶劣，迁入区虽然试图发展绿洲农业，但是本身的生态脆弱性也是显而易见的。所以这一地区的生态脆弱性的"硬约束"条件始终不能突破。通过劳务输转，可以减少直接生活在当地的人口，降低生态承载压力。

第二，疏勒河项目移民有从事劳务输转的比较优势，这从年人均纯收入的构成就可以反映出来。实际上，很多少数民族移民之前就有经商的传统。以东乡族为例，"东乡手抓"本身就是甘肃的一张名片。

第三，只有通过劳务输转，才能使贫困人口拓展视野。贫困人口长期无法摆脱低收入生计陷阱的一个重要原因，就是缺乏主动脱贫致富的

眼光。所以通过劳务输转，使贫困人口"走出去"，开阔视野，才能获得更为广泛的替代生计选择策略集合。

（三）加大新主导产业的各项资本投入

针对新的主导产业，制订专项产业发展规划，加大各项资本投入，尤其要注重四个方面的投入：

第一，通过增加盐碱地的持续改良投入，为新的主导产业发展提供数量更多、质量更高的生态资本。

第二，通过增加主导产业的专项资金投入，制订针对性的产业扶贫信贷支持计划，提高物质资本和金融资本的投入水平。

第三，通过选派专业技术人员和从业人员技术培训，提高人力资本的数量和质量。

第四，引入先进的产业组织模式，发挥社会资本的力量。

（四）为贫困人口创造获得实质性自由的条件

长期以来，项目区贫困人口只能以满足基本的生计需求为首要目标，生活和生产活动只能限制于低回报的生计空间，缺乏从事较高回报的生计的资本投入能力，更缺乏投资于较高回报的生计的眼光和魄力。所以在通过产业扶贫改善贫困人口的收入、提高生活质量的同时，还应当为贫困人口创造获得实质性自由的条件。将"绿水青山"真正转化为"金山银山"关键在人，只有贫困人口的可行能力提高了，才能将"绿水青山"——这种不可流动性要素，切实转化为改善自身福祉的永续性资源。

第九章　结论与展望

一　主要结论

2020年，中国将彻底消除绝对贫困人口，从而全面实现小康社会。此后，扶贫工作将面临相对贫困人口的长期存在和深度贫困地区的脱贫攻坚的新问题。本书在上述背景下开展研究，可以作为这种扶贫战略取向的重大转变所需要探索出一套好的体制机制的有益尝试，这也是一项贫困研究中的新课题。

本书的主要贡献在于：提出了一种度量区域发展能力的方法——区域发展诊断法，并将其应用于民族地区产业扶贫精准性诊断。

通常情况下，研究产业扶贫问题的经典分析框架是：各种资本要素通过政府的产业政策实现整合，由于资金、实物资本、人力资本等在产权界定方面是清晰的，所以最终可以形成一方面区域产业得以形成和发展，另一方面贫困人口通过提供要素获得利益和谋生的机会，这是一种"双赢"的结果。但是问题在于：不可流动性要素（例如生态资本）的产权却不总是清晰的（至少具私有、公共或不确定权利的争议），此外，还会不可避免地涉及外部性问题。所以此时产生了进一步的研究，侧重于如何克服市场失灵并提高效率问题，以帕累托最优原则来寻求解决问题的思想。由此可以推出两个传统的研究视角：一是分析就业、部门与空间维度间的关系。二是市场失灵。

本书寻求从一个新的视角——区域发展诊断，来解决产业扶贫精准性问题。区域发展诊断的提出按照以下逻辑：

首先，立足于对区域属性的再发现。区域属性再发现主要体现为三个概念的依次递进关系：由区位租到不可流动性要素，再到区域能力。

其次，理论来源于四个方面：对于传统 SLA 框架的缺陷的认识，借鉴了增长诊断理论关于诊断性分析的思路、方法和框架，从四种区域发展协调理论中探求实现区域协调发展的路径，借鉴了阿玛蒂亚·森的可行能力理论和产业培育要素相关理论。

最后，在传统 SLA 框架的基础上，着眼于区域发展构建的诊断框架，在体现区域发展二重属性的同时，完成了可持续发展到区域功能永续化的转化、区域协调发展到可行能力的转化和可行能力生成条件到产业培育资本（五类资本）的转化的过程。在此框架体系中，区域发展的目标是能力的成长，包括区域功能的永续性保持、产业资本结构持续优化、能力匹配性提高。在区域属性、主体功能和能力缺口的综合考虑下，通过扶贫产业培育要素的资本化，提供了对区域发展能力层面诊断的可行框架。

区域发展诊断法实现了区域属性的资本化度量。在此框架中，扶贫产业成长是实现区域功能永续性和人的全面发展的桥梁。产业扶贫由于符合"特定区域和特定主体发展相结合"的特点，将是区域发展诊断法理想的实验对象。由区域功能永续性、扶贫产业成长和贫困人口的全面发展三个维度共同构成的一个三维坐标空间，从三个方面设定产业扶贫精准性的诊断项目：扶贫产业项目选择精准性诊断，即扶贫产业选择应当符合区域永续性功能实现；扶贫产业成长精准性诊断，主要分析扶贫产业资本要素的缺失状况；产业扶贫效果精准性诊断，主要体现为为贫困人口全面发展创造条件。主要涉及三个方面的要素：不可流动性要素、五类资本和可行能力集。

按照产业扶贫精准性诊断的思路，可以把产业扶贫精准性的生成条件看作特定区域由区域属性"强约束"，由自然资本、物质资本、社会资本、人力资本和知识资本提供产业成长支撑，由可行能力集决定最终目标的功能性结构。显然，把产业扶贫精准性诊断转化为由不可流动性要素、五类资本和可行能力集共同构成的区域功能性结构，坚持了区域发展下功能的永续性与人的全面发展的双重目标的思考路径。由此，在整体上形成了产业扶贫活动的基本条件和根本目标。这些基本条件对产业扶贫而言，既是约束条件，又是发展基础。从而在整体上决定了特定空间范围人的可行能力集的状况。

虽然产业扶贫精准性政策依据"区域属性",必须因地制宜,但是仍然可以提出促进民族地区产业扶贫精准性的普适性政策取向。主要包括三个方面:

1. 做好对民族地区区域属性的关注

对区域属性的关注,实质上体现为对不可流动性要素的充分重视。可以分为两种类型的重视:

第一种是由不可流动性要素决定的扶贫产业生态红线。虽然产业扶贫的初衷是提高贫困人口福祉,但是绝不能以破坏生态环境为代价。扶贫产业一旦触及生态红线,可以坚决采取"一票否决制"。

第二种是通过发掘、传承和保护,获得由不可流动性要素决定的扶贫产业发展的独特性资源优势。欠发达地区通常地处偏远、交通不便,这虽然造成了发展的"瓶颈",但是也同时保护了当地的原生态资源。这些资源既可能是自然资源也可能是人文资源。"金山银山不如绿水青山",在一定意义上就是将原生态产品、原生态文化通过发掘、传承和保护,形成原生态产业、产业链和产业群落,作为产业扶贫的主导产业,体现区域永续发展的内在要求。

2. 做好民族地区产业成长条件的培育

扶贫产业是否能够健康成长,在一定程度上取决于五类资本要素的投入数量、质量及协同关系。然而,由于中国的扶贫事业长期以来都是政府主导在先,贫困人口参与在后。这就导致资本要素在投入中容易形成一种"套路",在扶贫产业论证时,政策取向过于强调各种资本要素投入面面俱到。

如果区域存在异质性,那么区域产业扶贫对五类资本要素的投入要求也同样具有异质性。所以培育产业发展的条件,需要由市场角度,分析可流动性要素的集聚和使用效率,从而实现真正意义上的"缺什么,补什么"。如此一来,评价的主体就应当是由政府单方面制订扶贫产业发展规划,转变为由市场需求导向的扶贫产业的可行性发展战略规划,而且这种弥补也应当是遵循"次优改革"的原则。

3. 关注民族地区人的可行能力发展

到 2020 年,中国将彻底消灭贫困。这也意味着在此之后,对于欠发达地区和相对贫困人口的发展提出了新的任务，即"走向共同富裕"。如果说实现消灭贫困主要依靠政府力量，那么"走向共同富裕"则需要政府力量和市场力量两者并行。中国作为最大的发展中国家，走绿色发展的道路势在必行。这就需要贫困人口告别原有的生计模式，发展新的绿色发展下的谋生技能。在这一过程中，最大的困难在于贫困人口的可行能力"瓶颈"。

增强贫困人口的可行能力具体分为两个方面：一是需要为贫困人口的全面发展创新适当的宏观环境和条件，这依赖于扶贫政策提供的机会（可以通过可行能力工具性自由加以衡量）；二是贫困人口本身的自我发展能力，主要表现为：贫困人口进入高回报生计领域的视野、脱离低回报生计领域的能力、抵御生态风险和经济风险的能力等。总体而言，当贫困人口的发展轨迹，能够完全由政策单独扶持的特殊轨道转入普遍人口谋求生计的正常轨道，才是真正实现了贫困人口的全面发展。

二　研究展望

区域是发展的，区域中的人也同样是发展的。以发展的眼光审视区域发展诊断视阈下产业扶贫精准性问题，本书仅是一个开端，文中也仅表达了以下观点：

在重新审视区域属性之后可以发现，区域发展实质上是区域功能的永续性和人的全面发展的二重目标的实现。区域的永续性涉及不可流动性要素和五类资本。不可流动性要素是区域永续发展的"硬约束"条件，五类资本是区域永续发展的资本能力。人的全面发展对应于贫困人口的可行能力。从而形成了区域发展诊断框架，并将其具体应用于产业扶贫精准性诊断。

贫困不单纯是经济学问题，而是涉及经济学、社会学、人口学的跨学科问题。从经济学的角度看，笔者认为下一步将进行以下几方面问题的研究：

第一，民族地区特色产业的培育问题。从产业扶贫的精准性框架中能够分析制约产业发展的"硬约束"条件，从而引导产业发展的大致方向。但是笔者并没有能深入探讨如何进行产业培育问题，即如何将人的可行能力具体化为产业的成长要素和组织模式的问题。

第二，民族地区区域不可流动性要素内涵价值的挖掘问题。区域不可流动性要素的内涵价值必须与人的可行能力相匹配，才能转化为现实的生产力。使区域不可流动性要素的内涵价值得到合理利用，需要为区域发展创造哪些条件？对人的可行能力进行哪些方面的具体培养？也是下一步需要研究的问题。

第三，民族地区深度贫困、扶智与产业扶贫之间的关系问题。解决深度贫困必须"扶智"，需要通过对贫困人口在技能方面的培训，使其能够有能力从事更高回报的生计。进一步，这些将可持续生计转化为可持续产业，才能解决深度贫困问题。这也是下一步研究的内容。

第四，对于民族地区扶贫成效的多方评价问题。目前，扶贫成效数据主要涉及两个方面，一是扶贫项目主管部门的项目实施情况，二是扶贫项目受众（贫困人口）的问卷调查数据。显然，前者本身"既是运动员又是裁判员"，后者囿于本身的认识能力，对于未来实施替代生计模式所需的条件缺乏认知。所以，如何引入第三方评价也是需要进一步研究的课题。

客观地讲，本书仅建立了一个研究框架，还留有大量的研究空白，而且提出的一些观念和方法还有待商榷。随着后续研究工作的开展，相信这些问题一定会有所改观。

参考文献

[1] 李培林、魏后凯：《中国扶贫开发报告》，社会科学文献出版社2016年版。

[2] 国家统计局住户调查办公室：《中国农村贫困监测报告（2016）》，中国统计出版社2016年版。

[3] 吴国宝、汪同三、李小云：《中国式扶贫：战略调整正当其时》，《人民论坛》2010年第1期。

[4] 农业部农业产业化办公室、农业部农村经济研究中心：《中国农业产业经济发展报告》，中国农业出版社2008年版。

[5] 林万龙、华中星：《产业化扶贫政策与实践》，载李培林、魏后凯《中国扶贫开发报告》，社会科学文献出版社2016年版。

[6] 国外经济学说研究会：《现代国外经济学论文选》，商务印书馆1984年版。

[7] 姚开建：《经济学说史》，中国人民大学出版社2003年版。

[8] 西奥多·舒尔茨：《改造传统农业》，商务印书馆2006年版。

[9] Loayza, N. and Raddatz, C., *The Composition of Growth Matters for Poverty Alleviation*, World Bank Policy Research Working Paper 4077, World Bank, Washington, D. C., 2006.

[10] Christiansen, L. and Demery, L., *Down to Earth: Agriculture and Poverty Reduction in Africa*, The World Bank, Washington D. C., 2007.

[11] Ravallion, M. and Datt, G., "Why has Economic Growth been More Pro-poor in Some States of India Than Others?", *Journal of Develop-*

ment Economics, 2002 (68): 381 – 400.

[12] Suryahad, A., Suryadarma, D. and Sumarto, S., "The Effects of Location and Sectoral Components of Economic Growth on Poverty: Evidence from Indonesia", *Journal of Development Economics*, 2009, 89 (1): 109 – 117.

[13] Ferreira, G. H., Leite, P. G. and Ravallion, M., "Poverty Reduction Without Economic Growth? Explaining Brazil's Poverty Dynamics, 1985 – 2004", *Journal of Development Economics*, 2010 (93): 20 – 36.

[14] Montalvo, J. G. and Ravallion, M., "The Pattern of Growth and Poverty Reduction in China Original Research Article", *Journal of Comparative Economics*, 2010, 38 (1): 2 – 16.

[15] Datt, G. and Ravallion M., "Why have Some Indian States done Better Than Others at Reducing Rural Poverty", *Economica*, 1998, 257 (65): 17 – 38.

[16] Thorbecke, E. and Hong – Sang J., "A Multiplier Decomposition Method to Analyze Poverty Alleviation", *Journal of Development Economics*, 1996, 48 (2): 279 – 300.

[17] Dercon, S., "Economic Reform, Growth and the Poor: Evidence from Rural Ethiopia", *Journal of Development Economics*, 2006, 81 (1): 1 – 24.

[18] Sumarto Suryahadi, "Indonesia Country Case Study", in Bresciani and Valdés (eds.), *Beyond Food Production: The Role of Agriculture in Poverty Reduction*, Food and Agriculture Organization of the United Nations and Edward Elgar, Cheltenham, 2007.

[19] Quizon, J. and Binswanger, H., "Modeling the Impact of Agricultural Growth and Government Policy on Income Distribution in India", *World Bank Economic Review*, 1986 (1): 103 – 148.

[20] Quizon and Binswanger, "What can Agriculture do for the Poorest Rural Groups? in Adelman and Lane (eds.)", *The Balance between Agriculture and Industry in Economic Development*, Social Effects

4, 1989.

[21] Foster, A. D. and Rosenzweig, M. R., *Agricultural Development, Industrialization and Rural Inequality*, Mimeo: Brown University and Harvard University, 2005.

[22] Warr, P. G., "Poverty and Growth in Southeast Asia", *ASEAN Economic Bulletin*, 2006: (23): 279 – 302.

[23] OECD, *Towards Green Growth*, Paris: Organization of Economic Co-operation and Development, 2011.

[24] Stefan, D., "Is Green Growth Good for the Poor", *The World Bank Research Observer*, 2014, 29 (2): 163 – 185.

[25] Deaton, A., "Savings and Liquidity Constraints", *Econometrica*, 1991, 59 (5): 1221 – 1248.

[26] Coady, D. et al., *The Magnitude and Distribution of Fuel Subsidies: Evidence from Bolivia, Ghana, Jordan, Mali and Sri Linka*, Working Paper WP/06/247. International Monetary Fund, Washington, D. C., 2006.

[27] Blake, R. et al., "Urban Climate: Processes, Trends and Projections", in Rosenzweig, C. et al. (eds.) *Climate Change and Cities: First Assessment Report of the Urban Climate Change Research Network*, Cambridge: Cambridge University Press, 2011.

[28] Harrington, W., Morgenstern, R. and Velez – Lopez, D., *Tools for Assessing the Costs and Benefits of Green Growth: The US and Me'xico*, Paper presented at the Green Growth Knowledge Platform Conference, Mexico City, January, 2012.

[29] Engel, D. and Kammen, D., *Green Jobs and the Clean Energy Economy*, Thought Leadership Series 4, Copenhagen Climate Council, Copenhagen, 2009.

[30] Morduch, J., "Income Smoothing and Consumption Smoothing", *Journal of Economic Perspectives*, 1995, 9 (3): 103 – 114.

[31] Strand, J. and Toman, M., *Green Stimulus, Economic Recovery, and Long – term Sustainable Development*, Policy Research Working

Paper Series 5163, World Bank, Policy Research Department, Washington D. C. , 2010.

[32] 张琦、王建民：《产业扶贫模式与少数民族社区发展》，民族出版社 2013 年版。

[33] 尧水根：《产业化扶贫模式研究》，《老区建设》2008 年第 12 期。

[34] 杨国涛、尚永娟：《中国农村产业化扶贫模式探讨》，《乡镇经济》2009 年第 9 期。

[35] 林万龙、华中昱：《产业扶贫政策与实践》，载李培林等《中国扶贫开发报告》，社会科学文献出版社 2016 年版。

[36] 陈琦、何静：《专业合作社参与扶贫开发行动分析——来自 QZB 茶叶合作社的案例》，《中共福建省委党校学报》2015 年第 3 期。

[37] 王碧宁：《燕山贫困集中区特色产业扶贫模式实证分析——以河北省平泉县为例》，《经济论坛》2016 年第 4 期。

[38] 马合肥：《精准电商扶贫的陇南模式》，《法制与社会》2016 年第 1 期。

[39] 周者军：《陇南网店数量销售额居全省第一》，《甘肃日报》2016 年 3 月 4 日。

[40] 张焱、李勃：《云南省财政扶贫资金产业扶贫项目绩效评价指标体系构建探析》，《湖南农学通报》2010 年第 10 期。

[41] 孙新章、成升魁、张新民：《农业产业化对农民收入和农户行为的影响——以山东省龙口市为例》，《经济地理》2004 年第 7 期。

[42] 郭建宇：《农业产业化扶贫效果分析——以山西省为对象》，《西北农林科技大学学报》（社会科学版）2010 年第 7 期。

[43] Riskin et al. , *Rural Poverty Alleviation in China*: *An Assessment and Recommendation*, Report prepared for UNDP, 1996.

[44] NG Wing‐fai, *Poverty Alleviation in the Ningxia Hui Autonomous Region, China, 1983 – 1992*, Hong Kong: The Chinese University of Hong Kong, 2000.

[45] World Bank, *Attacking Poverty*, Cambridge: Oxford University Press, 2001.

[46] 唐丽霞、罗江月、李小云：《精准扶贫机制实施的政策和实践困

境》,《贵州社会科学》2015 年第 5 期。

[47] 汪三贵:《在发展中战胜贫困——对中国 30 年大规模减贫经验的总结与评价》,《管理世界》2008 年第 11 期。

[48] 李鹍、叶兴建:《农村精准扶贫:理论基础与实践情势探析——兼论复合型扶贫治理体系的建构》,《福建行政学院学报》2015 年第 2 期。

[49] 郭小妹:《精准扶贫机制实施的政策和实践困境》,《贵州社会科学》2015 年第 5 期。

[50] 汪三贵、郭子豪:《论中国的精准扶贫》,《贵州社会科学》2015 年第 5 期。

[51] 杨秀丽:《精准扶贫的困境及法制化研究》,《学习与探索》2016 年第 1 期。

[52] 梁士坤:《新常态下的精准扶贫:内涵阐释、现实困境及实现路径》,《长白学刊》2016 年第 5 期。

[53] 邱明红、邱冰:《精准扶贫中的"援助诱惑":问题、成因及治理》,《长沙理工大学学报》(社会科学版) 2016 年第 5 期。

[54] 庄天慧、张海霞、余崇媛:《西南少数民族贫困县反贫困综合绩效模糊评价——以 10 个国家扶贫重点县为例》,《西北人口》2012 年第 3 期。

[55] 焦克源、吴俞权:《农村专项扶贫政策绩效评估体系构建与运行——以公共价值为基础的实证研究》,《农村经济》2014 年第 9 期。

[56] 黄梅芳、于春玉:《民族旅游评价指标体系及其实证研究》,《桂林理工大学学报》2014 年第 2 期。

[57] 陈升、潘虹、陆静:《精准扶贫绩效及其影响因素:基于东中西部的安全研究》,《中国行政管理》2016 年第 9 期。

[58] 莫光辉:《绿化减贫:脱贫攻坚战的生态扶贫价值取向与实现路径——精准扶贫绩效提升机制系列研究之二》,《现代经济探讨》2016 年第 11 期。

[59] 张曦:《连片贫困地区参与式扶贫绩效评价》,博士学位论文,湘潭大学,2013 年。

[60] 吕国范：《中原经济区资源产业扶贫模式研究》，博士学位论文，中国地质大学，2014年。

[61] 孙璐、陈宝峰：《基于 AHP – TOSPSIS 方法的扶贫开发项目绩效评估研究——以四川大小凉山地区为例》，《科技与经济》2015年第1期。

[62] 刘彦随、周扬、刘继来：《中国农村贫困化地域分异特征及其精准扶贫策略》，《中国科学院院刊》2016年第3期。

[63] 王介勇：《我国精准扶贫政策及其创新路径研究》，《中国科学院院刊》2016年第3期。

[64] 邓维杰：《精准扶贫的难点、对策与路径选择》，《农村经济》2014年第6期。

[65] 赵武、王姣玥：《新常态下"精准扶贫"的包容性创新机制研究》，《中国人口·资源与环境》2015年第11期。

[66] 杨振：《中国农村居民多维贫困测度与空间格局》，《经济地理》2015年第12期。

[67] 张志国、聂荣、闫宇光：《中国农村多维贫困测度研究——以辽宁省农村为例》，《数学的实践与认识》2016年第7期。

[68] 汪磊：《精准扶贫视域下我国农村地区贫困人口识别机制研究》，《农村经济》2016年第7期。

[69] 莫光辉：《绿色减贫：脱贫攻坚战的生态扶贫价值取向与实现路径》，《中国特色社会主义研究》2016年第2期。

[70] 黎沙：《我国精准扶贫的实践困境及对策研究》，博士学位论文，南京大学，2016年。

[71] 宫留记：《政府主导下市场化扶贫机制的构建与创新模式研究——基于精准扶贫视角》，《中国软科学》2016年第5期。

[72] 全承相、贺丽君、全永海：《产业扶贫精准化政策论析》，《湖南财政经济学院学报》2015年第2期。

[73] 李荣梅：《精准扶贫背景下产业扶贫的实践模式及经验探索》，《青岛农业大学学报》（社会科学版）2016年第4期。

[74] 李博、左停：《精准扶贫视角下农村产业化扶贫政策执行逻辑的探讨——以Y村大棚蔬菜产业扶贫为例》，《西南大学学报》（社

会科学版）2016 年第 7 期。

[75] 马九杰、罗兴、吴本健：《精准化金融产业扶贫机制创新探究》，《当代农村财经》2016 年第 9 期。

[76] 马楠：《民族地区特色产业精准扶贫研究——以中药材开发产业为例》，《中南民族大学学报》（人文社会科学版）2016 年第 1 期。

[77] 刘祚祥、杨密：《精准扶贫、信息共享与贫困农户金融服务创新——以张家界金融产业扶贫为例》，《长沙理工大学学报》（社会科学版）2017 年第 1 期。

[78] 莫光辉：《精准扶贫视域下的产业扶贫实践与路径优化——精准扶贫绩效提升机制系列研究之三》，《云南大学学报》（社会科学版）2017 年第 1 期。

[79] 王立剑、叶小刚、陈杰：《精准识别视角下产业扶贫效果评估》，《中国人口·资源与环境》2018 年第 1 期。

[80] 丹尼·罗德里克：《全球化的悖论》，中国人民大学出版社 2011 年版。

[81] 马克思：《资本论》，上海三联书店 2009 年版。

[82] 阿玛蒂亚·森：《贫困与饥荒》，商务印书馆 2014 年版。

[83] Subramanian, S., "Counting the Poor: An Elementary Difficulty in the Measurement of Proverty", *Economics and Philosophy*, Volume null, Issue 2, October, 2002: 277 – 285.

[84] Ravallion, M., "Growth, Inequality and Poverty: Looking beyond Averages", *World Development*, 2001, 29 (11): 1803 – 1815.

[85] Kakwani, N. and Son, H., *Pro – Poor Growth: The Asian Expreri-ence*, UNU – WIDER Research Paper, 2006.

[86] Bourguignon, F., *The Poverty – Growth – Inequality Triangle*, New Delhi: Indian Council for Research on International Economic Relations, 2004.

[87] 阿玛蒂亚·森：《以自由看待发展》，中国人民大学出版社 2013 年版。

[88] 纳克斯：《不发达国家的资本形成问题》，商务印书馆 1966 年版。

[89] 张明龙、池泽新：《贫困研究概况与述评》，《经济研究导刊》2015 年第 8 期。

[90] 郭熙保：《发展经济学经典论著选》，中国经济出版社 1998 年版。

[91] 冈纳·缪尔达尔：《亚洲的戏剧》，商务印书馆 2015 年版。

[92] Alkire, S. and Freedoms, V., *Sen's Capability Approach and Poverty Reducation*, Oxford: Oxford University Press, 2002.

[93] 阿玛蒂亚·森：《资源、价值与发展》，吉林人民出版社 2010 年版。

[94] 阿玛蒂亚·森、伯纳德·威廉姆斯：《超越功利主义》，复旦大学出版社 2011 年版。

[95] 丹尼·罗德里克：《一种经济学，多种药方：全球化、制度建设和经济增长》，中信出版社 2016 年版。

[96] 姜安印、董积生、胡淑晶：《区域发展能力理论——新一轮西部大开发理论创新与模式选择》，中国社会科学出版社 2014 年版。

[97] 高鸿业：《西方经济学（微观部分）》（第五版），中国人民大学出版社 2011 年版。

[98] 加尔布雷斯：《丰裕社会》，上海人民出版社 1965 年版。

[99] 姜安印：《主体功能区：区域发展理论新境界和实践新格局》，《开发研究》2007 年第 2 期。

[100] 克鲁格曼：《地理和贸易》，北京大学出版社 2000 年版。

[101] 琼·罗宾逊：《资本积累论》，商务印书馆 1963 年版。

[102] 斯拉法：《用商品生产商品》，商务印书馆 1991 年版。

[103] 吕鸿江、刘洪、程明：《多重理论视角下的组织适应性分析》，《外国经济与管理》2007 年第 12 期。

[104] 吕炜、刘畅：《中国农村公共投资、社会性支出与贫困问题研究》，《财贸经济》2008 年第 5 期。

[105] 林毅夫：《解决农村贫困问题需要有新的战略思路——评世界银行新的"惠及贫困人口的农村发展战略"》，《北京大学学报》（哲学社会科学版）2002 年第 5 期。

[106] 苏芳：《可持续生计：理论、方法与应用》，中国社会科学出版社 2015 年版。

[107] 赵明华、韩荣青：《地理学人地关系与人地系统研究现状评述》，《地域研究与开发》2004年第23期。

[108] 赵奎涛：《明末清初以来大凌河流域人地关系与生态环境演变研究》，博士学位论文，中国地质大学，2010年。

[109] 吴云：《"人地关系"理论发展历程及其哲学、科学基础》，《沈阳教育学院学报》2000年第1期。

[110] 陈传康、牛文元：《人地系统优化原理及区域发展模式的研究》，《地球科学信息》1988年第12期。

[111] 王铮等：《论现代地理学对象、内容、结构和基本方法》，《地理研究》1991年第10期。

[112] 王铮：《论人地关系的现代意义》，《人文地理》1995年第1期。

[113] 段海澎、陈永波：《可持续发展与PRED系统及人地关系》，《自然辩证法通讯》1997年第12期。

[114] 卓玛措：《人地关系协调理论与区域开发》，《青海师范大学学报》（哲学社会科学版）2006年第6期。

[115] 何绍福：《农业耦合系统的理论与实践研究——以马坪镇为试验区》，博士学位论文，福建师范大学，2005年。

[116] 任继周：《草地农业系统生产效益的放大》，《中国草原与牧草》1986年第3期。

[117] 任继周：《河西走廊山地—绿洲—荒漠复合系统及其耦合》，科学出版社2007年版。

[118] 任继周、朱兴运：《中国河西走廊草地农业的基本格局和它的系统相悖——草原退化的机理初探》，《草业学报》1995年第1期。

[119] Burkhard, B., "Indicating Human-environmental System Properties: Case Study Northern Fenno-Scandinavian Reindeer Herding", *Ecological Indicators*, 2008, 8 (6): 528-540.

[120] 张淑焕：《中国农业生态经济与可持续发展》，社会科学文献出版社2000年版。

[121] 任继周、南志标、郝敦元：《草业系统中的界面论》，《草业学报》2000年第1期。

[122] 高群:《生态—经济系统耦合机理及其恢复与重建研究——以三峡库区为例》,博士学位论文,中国科学院,2003年。

[123] Gilbert, A., "Criteria for Sustainability in the Development of Indicators for Sustainable Development", *Chemosphere*, 1996, 33 (9): 1739–1748.

[124] Engelbert, S., "The Index of Sustainable Economic Welfare (ISEW) as an Alternative to GDP in Measuring Economic Welfare: The Results of the Austrian (revised) ISEW Calculation 1955–1992", *Ecological Economics*, 1997, 21 (1): 16–20.

[125] Janssen, M. A., *Complexity and Ecosystem Management*, Chettenham (UK): Edward Elgar Publishers, 2003.

[126] Storm, E., "A General Framework for Analyzing Sustainability of Social Ecological Systems", *Science*, 2009 (7): 419–422.

[127] 柴盈、曾云敏:《奥斯特罗姆对经济理论与方法论的贡献》,《经济学动态》2009年第12期。

[128] 赵士洞、汪业勖:《生态系统管理的基本问题》,《生态学杂志》1997年第4期。

[129] 王如松:《资源、环境与产业转型的复合生态管理》,《系统工程理论与实践》2003年第2期。

[130] 江泽慧:《中国西部退化土地综合生态系统管理》,《世界林业研究》2005年第5期。

[131] 郭怀成等:《河岸带生态系统管理研究概念框架及其关键问题》,《地理研究》2007年第4期。

[132] 马新文:《阿玛蒂亚·森的权利贫困理论与方法述评》,《国外社会科学》2008年第2期。

[133] 阿玛蒂亚·森:《正义的理念》,中国人民大学出版社2013年版。

[134] 杨公朴、夏大慰、龚仰军:《产业经济学教程》,上海财经大学出版社2008年版。

[135] 林毅夫:《新结构经济学》(第二版),北京大学出版社2014年版。

[136] 刘某承、李文华、谢高地：《基于净初级生产力的中国生态足迹产量因子测算》，《生态学杂志》2010年第3期。

[137] 谢宏宇、叶慧珊：《中国主要农产品全球平均产量的更新计算》，《广州大学学报》（自然科学版）2008年第1期。

[138] Kundu, A. and Smith, T. E., "An Impossibility Theorem on Poverty Indices", *International Economic Review*, 1983 (24): 423 – 434.

[139] Shorrocks, A. F., "Aggregation Issues in Inequality Measurement", in Eichhorn W. (ed.), *In Measurement in Economics*, Physica – Verlag, 1988: 429 – 451.

[140] Foster, J. and Shorrocks, A. F., "Subgroup Consistent Poverty Indices", *Econometrica*, 1991 (59): 687 – 709.

[141] Broome, J., "The Welfare Economics of Population", *Oxford Economic Papers*, 1996 (48): 177 – 193.

[142] 李秀芬、姜安印：《亲贫式增长刍议：论少数民族地区的扶贫政策取向》，《中国人口·资源与环境》2017年第1期。

[143] Ravallion, M., "Growth, Inequality and Poverty: Looking beyond Averages", *World Development*, 2001, 29 (11): 1803 – 1815.

[144] 鲜祖德、王萍萍、吴伟：《中国农村贫困标准与贫困监测》，《统计研究》2016年第9期。

[145] Kakwani, N. and Son, H., *Pro – Poor Growth: The Asian Expreience*, UNU – WIDER Research Paper, 2006.

[146] Bourguignon F. *The Poverty – Growth – Inequality Triangle*, New Delhi: Indian Council for Research on International Economic Relations, 2004.

[147] 托马斯·皮凯蒂：《21世纪资本论》，中信出版社2014年版。

[148] Van de Walle, D., "Choosing Rural Road Investments to Help Reduce Poverty", *World Development*, 2002, 30 (4): 575 – 589.

[149] Jamison, D. T., Lau, L. J. and Wang, J., "Health's Contribution to Economic Growth in an Environment of Partially Endogenous Technical Process", in Lopez – Casasnovas, Rivera, B. and Cur-

rias, L. (eds.), *Health and Economic Growth*, Cambridge, MA: MIT Press, 2005: 67-91.

[150] 胡江辉:《中国农村公共投资的减贫效应研究》,博士学位论文,华中科技大学,2009年。

[151] 张萃:《中国经济增长与贫困减少——基于产业构成视角的分析》,《数量经济技术经济研究》2011年第5期。

[152] 汪三贵、胡联:《产业劳动密集度、产业发展与减贫效应研究》,《财贸研究》2014年第3期。

[153] 尹飞霞:《人力资本与农村贫困研究:理论与实证》,博士学位论文,江西财经大学,2013年。

[154] 田飞丽、陈飞:《我国农村贫困指数测度及政策减贫效应研究》,《东北财经大学学报》2014年第4期。

[155] 刘耀彬、李仁东、张守忠:《城市化与生态环境协调标准及其评价模型研究》,《中国软科学》2005年第5期。

后　　记

　　本书是在我的博士学位论文的基础上修改完成的。在兰州大学攻读博士的这段时间，是我人生中极为重要的一段经历。四年前，当我经过两年的艰苦学习，最终得以进入兰州大学经济学院学习的时候，就已经下定决心不能让这难得的四年时光虚度。在四年的学习期间，我在导师的安排下，大量阅读国内外研究文献，认真钻研研究方法，力求在研究视野和研究能力上能有一个质的提高。与此同时，作为一名在职攻读博士学位的高校老师，我还必须考虑在攻读博士期间掌握的知识和技能能够更好地为今后的教学和研究工作服务。在安排好了工作上和家庭中的事务之后，我经常为了完成导师安排的学习计划和研究工作而奋战到深夜。终于"一分耕耘一分收获"，通过四年的学习，我自觉在研究能力方面有了长足的进步，并且在教学工作方面也能够更好地把握前沿知识。回首过往，我深深地感觉到四年的辛苦没有白费，收获良多。

　　特别感谢我的导师姜安印先生，在学习、工作和生活中对我的帮助。姜先生高尚的人格、广阔的胸襟、渊博的学识、严谨的治学态度，都是学生终身学习的榜样。

　　感谢兰州大学经济学院的各位老师在我学习期间给予的多方面帮助。

　　感谢我的父母能够不远千里，前来帮助照顾孩子，使我能够腾出时间与精力顺利完成学业。

　　感谢我的丈夫和两个女儿，你们的支持是我前行中的强大动力。

李秀芬
2019 年 2 月